KB142982

내게 셰익스피어가 찾아왔다

SHAKESPEARE NO RENAIGAKU
by 2010 Yushi Odashima. All rights reserved.
originally published in Japan by Shinnihon Shuppansha, Co., Ltd., Tokyo.
Korean translation rights arranged with Shinnihon Shuppansha, Co., Ltd.
and Words & Book Publishing Co, Seoul through PLS Agency, Seoul.
Korean translation edition @ 2014 by Words & Book Publishing Co, Seoul.

이 책의 한국어판 저작권은 PLS 에이전시를 통한 저작권자의 독점계약으로 도서출판 말글빛냄
에 있습니다.
신 저작권법에 의해 저작권 보호를 받는 서적이므로 무단 전재나 복제를 금합니다.

셰익스피어, 인간과 사랑을 말하다

내게 셰익스피어가 찾아왔다

오다시마 유시 지음
장보은·유가영 옮김

말글빛냄

차 례

- 왕의 궁전을 비추는 저 태양은 우리의 가난한 오두막집에도 똑같이 빛을 내려주신대요(겨울이야기)
- 눈은 자기 자신을 보지 못하고, 다른 무언가에 비춰져야 비로소 자신을 볼 수 있다(율리우스 카이사르)
- 적이 있어 좋은 일이 생기고, 친구 탓에 험한 꼴을 당하고 있습니다 (십이야)
- 질투심이 많은 사람은 이유가 있어서 질투하는 것이 아니라, 질투심이 많기 때문에 질투하는 것이에요(오셀로)
- 사용방법에 따라 미덕이 악덕으로 바뀔 수도 있고, 행동에 따라 악덕 또한 명예로 바뀔 수 있다네(로미오와 줄리엣)
- 대체로 운명에 과감히 맞설 때 인간의 본 모습이 나타난다 (트로일러스와 크레시다)
- 권좌에 오른 분은 다른 사람과 마찬가지로 실수를 저질러도 죄의 외양을 꾸미는 힘을 갖고 있기 때문입니다(자에는 자로)
- '시간'이야말로 인간의 지배자다. 인간을 살리기도 하고 죽이기도 한다 (페리클레스)
- 우리는 인간을 구할 수 있는 힘은 신밖에 없다고 생각한다. 하지만 그 힘은 우리들 안에도 있다(끝이 좋으면 다 좋다)
- 클레오파트라: 그것이 진정 사랑이라면 어느 정도 크기인지 알고 싶어요
  안토니: 어느 정도라고 말할 수 있는 사랑은 비천한 사랑에 불과하오 (안토니와 클레오파트라)

제 2 부 셰익스피어 사랑학

사랑학을 시작하면서 159

Chapter 06 셰익스피어의 실제 삶 속 여성상 163

어머니 메리 아덴
자매, 형제들
부인 앤 해서웨이
딸들–수잔나, 주디스, 손녀 엘리자베스
소네트의 다크 레이디

Chapter 07 질주하는 청춘의 사랑 177

〈로미오와 줄리엣〉
불행한 운명의 연인 | 생명을 단축시키는, 질주하는 사랑 | 사랑을 사랑한
다 | 발코니 신(제 2막 제 2장) | 어른의 눈으로 본 젊은이의 사랑 | 다이치
기와코의 줄리엣에서 배우다
〈한여름 밤의 꿈〉
사랑을 방해하는 것 | '존재의 사슬'을 거스를 수 있는가 | 사랑과 이성의
싸움 | '사랑의 코미디'
〈베니스의 상인〉
희극 속 사랑의 이중성 | 진정한 사랑이란 | 궁정풍 연애

- 남에게 내보여 자랑하는 사랑은 깊은 사랑이 아니다
  〈베로나의 두 신사〉 (제 1막 제 2장)
- 사랑이란 이성에게 의견을 묻기는 해도 상담은 하지 않는다
  〈윈저의 즐거운 아낙네들〉 (제 2막 제 1장)
- 이유가 없다는 것이 사랑하는 이유다
  〈심벨린〉 (제 4막 제 2장)
- 신들조차도 사랑에 빠졌을 때는 짐승의 탈을 썼다
  〈겨울이야기〉 (제 4막 제 4장)
- 우리 몸에 흐르는 피는 사랑을 할 준비를 타고났다
  〈끝이 좋으면 다 좋다〉 (제 1막 제 2장)
- 색정에 빠지면 '설마'란 냄새를 못 맡는 사냥개와 같다
  〈윈저의 즐거운 아낙네들〉 (제 2막 제 1장)
- 사랑이란 그림자 같아서 아무리 뒤쫓아도 달아나 버리는 것, 이쪽에서
  도망가면 따라오고, 따라가면 달아난다
  〈윈저의 즐거운 아낙네들〉 (제 2막 제 2장)
- 사람의 마음은 사랑할 때 가장 순수하다
  〈햄릿〉 (제 4막 제 5장)

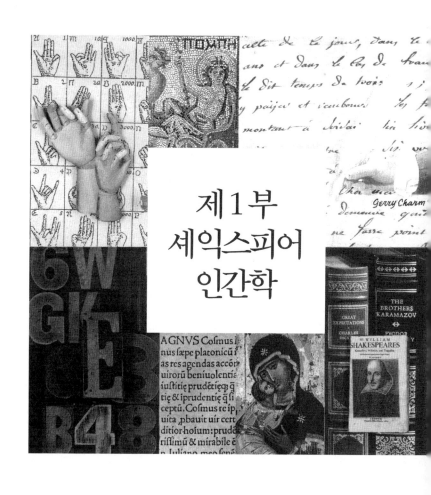

제1부
셰익스피어
인간학

"세상 사람 모두가 '셰익스피어가 좋다'고 한다면 이 세상에서 전쟁
은 사라질 것입니다."

이런 말이 내 입에서 아니, 마음속 깊은 곳에서 튀어나왔을 때, 그
렇구나, 지금까지 말로 표현한 적이 없었을 뿐이지 계속 그렇게 생각
해왔구나 하고 깨달았다. 그때까지 무의식으로나 혹은 약간씩 느끼
고 있던 생각이 드러났던 것이다. 이는 '셰익스피어의 인간학'이라
는 주제로 강연한 뒤, 질의응답 시간에 질문을 받고 대답을 하던 때
였다. 며칠 뒤 출판사에서 전화가 걸려왔다. "……그때 그 이야기를
듣고, 선생님의 강연을 더 늘려서 책으로 만들고 싶습니다.

'인간학'이라는 말은 '신학'에 맞서는 말이다. 셰익스피어는 르네
상스시대 사람이다. 당시의 사람들은 중세의 문화를 지배하던 기독
교의 신학 이외에도 그리스와 로마를 공부함으로써 인간성을 기르

려고 했다. 그리고 '고전학'을 '휴머니즘(고전학)'이라고 불렀다. 이는 현대의 인도주의와는 다른 의미를 갖고 있기 때문에 나는 '인간학' 으로 번역하기로 했다.

사실, 셰익스피어를 볼(읽을) 때 '학(學)'이라는 단어는 쓰고 싶지 않았다. 왜냐하면 그는 〈사랑의 헛수고〉에 등장하는 비론에게, "학 문은 우리 인간을 섬기는 하인일 뿐일세"라는 대사를 하게 했고, 나 역시 그 의견에 동감하기 때문이다. 하지만 셰익스피어가 기독교 신 학에 얽매이지 않고 인간을 어떻게 바라보았는지 한마디로 표현하 기는 너무 어려웠다.

아직도 셰익스피어는 어렵다고 생각하는 사람들이 많다. 하지만 그렇게 어렵다면 왜 시대와 나라를 막론하고 그의 작품이 끊임없이 상연되며, 남녀노소가 즐기는 것일까? 셰익스피어는 인간을 그려냈 다. 인간을 좋아했고, 인간에 집착하면서, 인간이 살아가는 모습을 묘사했다. 인간이란 이처럼 사랑하고 미워하고, 또 울고 웃고 고민하거나 결단을 내리면서 살아가는 존재라고 느끼게 해주는 것이 바로 그의 작품이다.

그의 작품에는 비극과 희극을 막론하고, 반드시 배신이나 배반, 중상이나 기만행위 등을 나타내는 대사와 에피소드가 등장한다. 셰익스피어도 실제 생활에서 상처를 받거나 사람을 미워한 경험이 많지 않을까 하는 생각이 들 정도다. 그럼에도 불구하고 셰익스피어는 인간에게는 그 이상으로 사랑할 만한 점, 칭찬할 만한 점, 자신도 인간이라는 것을 자랑스러워하고 있음을 잘 보여준다. 그래서 상처입고 괴로워하는 우리들도 그의 작품에서 위안과 용기를 얻는다.

셰익스피어는 탁상공론, 관념을 위한 관념, 비인간적인 철학을 가장 싫어했다. 그렇기 때문에 로미오는, "철학 따위는 꺼져버려! 철학으로 줄리엣을 만들 수 있겠어!"라고 절규했고, 〈헛소동〉에 등장하는 레나토는, "제 아무리 철학을 잘 설명하는 자라도 치통을 참을성 있게 견뎌낼 수는 없을 것이다"라고 했다. 즉, 셰익스피어는 철학보다 살아있는 줄리엣을 더 좋아했고, 관념보다는 치통에 더 괴로워했던 것이다. 인간에게 관심이 없는 사람, 살아가는 것에 지친 사람들은 셰익스피어를 어렵다고 생각할지 모른다. 하지만 기쁨과 슬픔을 느끼며 생활하는 사람이라면 누구나 그의 작품에, 그리고 대사에 공감할 것이다. 이 책이 그 계기가 될 수 있다면 나에겐 더할 나위없는 행복이다.

오다시마 유시小田島雄志

Chapter 01
21세기에 살아 있는
셰익스피어

한발 물러서서 바라보는 눈의 중요성

나는 셰익스피어의 인간관을 이야기할 때, 그가 한발 물러서서 바라보는 눈을 가진 사람이었다고 강조한다.

셰익스피어에 대해 처음에 신경 쓰였던 부분은, 그가 과연 하나의 신념을 갖고 그것을 전하려 했던 작가인가 하는 것이다. 극작가는 두 가지 유형으로 분류할 수 있다. 첫째는 신념과 이념을 관객에게 전하고, 또 가르치고 싶어 하는 작가다. 하지만 내가 셰익스피어에게 가진 첫째 이미지는 관념과 이념이 아닌, 있는 그대로의 인간을 그려내고자 한다는 것이었다.

셰익스피어는 인간을 그려낼 때, 어떤 시점에서 보고 있는가 하면 반드시 그 인간관계 속에서 그들을 바라본다. 부모자식, 형제, 부부, 연인, 친구, 아군과 적군, 주군과 부하 등 여러 인간관계를 통해 바라본다. 그리스 비극에서는 독립적인 인간이 운명과 대립하면서 그에 맞서다가 결국은 굴복하고 만다. 하지만 셰익스피어의 경우엔 독립적으로 운명과 맞서 싸우는 것이 아니라, 어디까지나 인간관계 속에서 기뻐하고 슬퍼한다. 즉, 인간관계에는 그 속에 반드시 희로애락이 들어있다. 감정이 없는 곳에는 인간관계가 있을 수 없다.

예를 들어, 길을 걷는데 반대편에서 모르는 사람이 걸어온다고 하자. 이때, 이를 그냥 스쳐 지나가면 드라마가 되지 않는다. 하지만 모르는 사람이 다가와서 "안녕하세요. 어디까지 가세요?", "안녕하세요. 저는 저기까지 가요"라는 인사를 나누면, 이때부터 드라마는 시작된다. 이것이 인간관계이고, 이것을 통해 저 사람은 좋네, 싫네 하는 감정이 생겨난다. 그리고 셰익스피어는 바로 이런 것들을 그려낸다.

기쁨과 슬픔, 분노 등의 감정은 동서고금의 역사 속에서 그다지 달라지지 않았다. 그래서 400년 이상 시간이 흐르고 시대가 변해도, 피부와 머리색이 다른 모든 사람들이 셰익스피어의 작품을 보고 감동한다. 이는 인간이 이처럼 감정의 동물이라는 것을 거듭해서 발견하게 되기 때문이다.

예를 들어 셰익스피어는 부모자식 관계를 바라볼 때, 부모 입장에서 자식을 이렇게 가르치고 교육시켜야 한다는 의견을 내보이지 않는다. 또한 자식 입장에서 부모가 횡포하다든가, 보수적이라든가 하는 어느 한쪽의 의견만을 갖고 바라보지도 않는다. 부모와 자식, 양쪽 모두의 입장에서 바라보는 것이다.

이 한발 물러서서 바라보는 관점과 달리 우리들은 평소 당사자의 눈으로만 바라보고 있다. 가까운 예로 비가 오는 날, 길을 걷는데 반대편에서 달려오던 차가 흙탕물을 튀긴다고 하자. 이때 우리는 '젠장, 운전을 왜 이렇게 해?'라고 생각한다. 하지만 반대로 내가 차를 타고 갈 때, 어르신이 천천히 걸어가고 있으면 '방해되니까 빨리 좀 비키지'라고 생각한다. 이는 당사자의 눈으로 바라보고 있기 때문이다. 한발 물러서서 제 3자의 눈으로 바라보면 차도 보행자도 동등한 입장에서 보인다.

'강목팔목(岡目八目)'이라는 말이 있다. 바둑을 둘 때, 당사자보다도 옆에 있는 사람이 수를 더 잘 읽는다는 뜻이다. 이것을 조금 더 세련되게 말하면, 그 무엇에도 얽매이지 않는 눈, 당사자가 아니라 한발 물러서서 바라보는 자유의 눈, 셰익스피어의 작품에서 말하면 '광대의 눈'을 갖는 것이다.

예를 들면 〈리어왕〉이 그렇다. 리어 왕은 딸들의 진심이 아니라 겉모습만 보고 첫째 딸 고너릴과 둘째 딸 리건을 신뢰한다. 반면 셋째 딸 코델리아는 믿지 않아 비극이 일어난다. 브리튼의 왕인 리어는 첫째 딸과 둘째 딸의 입바른 소리에 넘어가 그들에게 국토를 나눠주지만, 셋째 딸 코델리아의 진심은 알지 못한 채 그녀를 추방시켜 버린다. 그러나 그는 왕위를 내려놓자마자 첫째 딸에게 냉대를 받는다. 딸의 배신에 격노한 왕은 딸에게 이런 취급을 받자 "이런 나는 리어가 아니야"라고 울부짖으며 이렇게 묻는다.

"누구든 좋으니 가르쳐 주시오, 나는 대체 누구인가?"

이때 광대가 이렇게 대답한다.

"리어의 그림자다."

리어는 왕이라는 지배자였을 때는 리어였다. 그러나 왕위를 잃고 딸에게 얹혀살면서부터 그는 그저 그림자일 뿐이라는 광대의 대사다. 하지만 그 해석만으로 충분한지 나는 볼 때마다 다시 생각한다. 왕일 때의 리어는 존재하는 실체였고, 왕이라는 지위를 잃은 리어는 그림자인가, 아니면 지위를 버린 평범한 인간이야말로 실체이고, 왕이라고 생각하던 리어가 그림자인가. 결국 딸에게 쫓겨난 리어는 폭풍 속의 황야를 헤맨 끝에 글로스터 백작의 장남인 에드거와 만난다. '미치광이 거지'로 변장하고 있던 에드거의 알몸에 가까운 모습을 보고 리어는 이렇게 말한다.

"인간도 옷을 벗으면 너처럼 불쌍한 알몸에 두 다리를 가진 동물일 뿐이구나."

그것이 인간의 실체라고 하면, 옷=왕관을 쓰고 있던 것이 그림자일지도 모른다. 즉, 광대의 대사는 알몸에 두 다리를 가진 동물일 뿐인 리어가 아직 왕인 줄로 착각하는 모습을 그림자라고 지적했다고 볼 수도 있다.

우리들은 사람을 볼 때 걸핏하면 직업이나 지위, 부자인지 아닌지로 판단하려 든다. 그리고 실제 사회생활 역시 그렇게 성립된 부분도 없지 않다. 하지만 살아 있는 인간은 누구나 똑같은 '알몸에 두 다리를 가진 동물'이란 것을 이제 깨닫는 게 어떨까. 셰익스피어의 광대의 눈으로 바라보면 숨겨져 있던 진실을 알 수 있으며, 매사를 더 깊게 파악할 수 있다. 실생활에서도 한발 물러서서 바라보면 선악의 구분이 확실하지 않은 것들이 있다. 나는 그 무엇에도 얽매이지 않는 자유로운 눈을 갖고 싶다. 그리고 셰익스피어는 그 눈을 가지고 있었다. 내가 셰익스피어의 작품을 전부 번역하고 '셰익스피어의 세일즈맨'을 자처하는 이유는 이렇다. 독선적으로만 살아갈 것이 아니라 상대도 생각해야 하지 않을까? 현재의 상황에만 얽매이는 것이 아니라 좀 더 멀리 바라봐야 하지 않을까? 사람을 바라볼 때 더 자유로운 눈으로 바라본다면 인간에게 전쟁은 없지 않을까? 항상 그런 마음을 갖고 살아가고 있다.

'만약'이라는 말에는 위대한 힘이 있다

셰익스피어는 살아가는 걸 즐겼다. 그리고 꽃을 사랑한 작가로도 알려졌다. '아름다운 나라'가 아닌 '아름답게 살아간다'는 것을 중요하게 여긴 듯하다.

아름답게 살아가려면 무엇보다도 평화가 중요하다. 하지만 21세기에도 국가와 민족 간 전쟁과 분쟁은 끊이질 않고 있다. 일본 역시 가정이나 학교에서 부모자식, 형제, 친구, 선생님과 학생 사이에 학대와 살인이 증가하고 있다. 셰익스피어가 이 시대에 살아 있다면 이런 상황을 어떻게 보고 어떻게 그려낼까. 아마 하고 싶은 말이 많을 것이다. 그 예로 〈뜻대로 하세요〉에 등장하는 광대 터치스톤의 대사를 들 수 있다.

그는 우선 자기가 어떤 궁정사람의 머리모양이 마음에 들지 않는다고 하여 말싸움이 시작된 일을 예로 든다. 그리고 두 사람이 결투를 하게 된 원인을 일곱 가지의 단계, 즉 '의례적 응답, 원만한 회답, 도발적 대답, 신사적 비난, 공격적 반박, 간접적 인격부정, 직접적 인격부정'으로 구분한다. 그런 뒤에 그 일곱 단계에 도달했더라도 아직 결투를 피할 수 있는 경우를 다음과 같이 말한다.

"이 중에서 '직접적 인격부정'만 아니라면 결투는 피할 수 있습니다. 아니, 그것도 피하려고만 하면 피할 수 있지요, '만약'을 붙인다면요. 언제인지는 모르겠는데 무슨 싸움이 나서, 재판관 일곱 명이 매달려도 싸움 처리를 할 수 없었다죠. 그런데 당사자들이 만났을 때, 그 중에 한 사람이 '만약'이라는 말을 생각해낸 겁니다. '만약 자네가 이렇게 얘기했다면 나도 이렇게 얘기했을 것이네'라고 말이죠. 그러자 두 사람은 악수를 하고 의형제까지 맺었다는 거 아닙니까. '만약'이란 녀석은 최고의 중재역이죠. '만약'에는 위대한 힘이 있습니다."

이 '만약'이라는 상상력이 없어서, 싸운 채 멀어져 버린 경험은 누구나 한두 번 쯤 갖고 있다. 최근에는 화를 참지 못하는 사람들이 늘고 있다. 예를 들면 부모가 자식을 죽이고, 자식이 부모를 죽이는 사건들이 현실에서 일어나고 있다.

셰익스피어의 작품에도 그런 두 사람이 같은 장면에 등장하는 연극이 있다. 하지만 그것은 장미전쟁*에서 아군과 적군으로 나뉜 부모와 자식이 진실을 모른 채 죽여 버리는, 〈헨리 6세 3부작〉에 등장하는 인물이다. 아버지를 죽여 버린 아들은 울부짖는다.

"이 얼마나 지독한 세상이란 말인가, 내가 이런 일을 할 줄이야!"

아들을 죽인 아버지도 숨죽여 기도한다.

"신이시여, 이 비참한 시대에 자비를 내려주소서!"

지금 일본에서 일어나는 부모를 죽이고 자식을 죽이는 일을 단순히 세상과 시대 탓으로 돌릴 수는 없다. 나는 과거의 실패를 돌아본 뒤에 셰익스피어의 말처럼 '만약'이란 생각을 하는 것이 얼마나 중요한지를 강조하고자 한다.

* 장미전쟁 1455~1485. 영국의 봉건귀족 랭커스터 家와 요크 家의 왕위 계승을 둘러싼 내란. 붉은 장미(랭커스터)와 흰 장미(요크)를 각각의 휘장으로 삼고 싸운 것에서 유래.

바꿔 말하면 '만약'은 상상력의 문제이다. 정보가 늘어나 인터넷을 검색하면 무엇이든 알 수 있는 점은 편하다. 하지만 그 때문에 상상력이 점점 약화되고 있어 걱정스럽다. '만약'이라고 말할 때 아무것도 상상할 수 없는 사람이 늘어나고 있는 것은 아닌지 두려워진다. 21세기에 들어서도 여전히 많은 핵무기들이 존재하고 있다. 처음부터 갖고 있던 강대국들은 물론이고, 지금부터 가지려 하는 나라도 원자폭탄의 버튼을 누르면 어떻게 될지 상상해봤으면 한다. 만약 버튼을 누르면 어떤 비극이 일어날까. 그런 상상을 하지 못한 채, 아무렇지 않게 버튼을 누른다면 정말 큰일이 일어날 것이다.

판단보류, 즉 '이건 있을 수 없는 일'이라고 바로 단정하는 것이 아니라, 그 판단을 보류하는 것이 바로 '만약'의 중요한 예이다. 있을 수 없는 일이라고 해도 만약에 일어난다면 어떻게 될지를 상상하면서, 안 된다고 하는 판단을 보류하는 것이 어떨까. 간단히 절망에 빠질 것이 아니라 '만약 내가 해낼 수 있다면'이라고 생각해보자. 모든 사람들이 그런 상상력을 가지게 된다면 그 어떤 부모자식이라도 사이좋게 지낼 수 있고, 이 세상에서 전쟁은 사라질 것이다. 화를 내기 전에 모든 사람들이 이 '만약'을 머릿속에 떠올린다면, 부모자식과 부부는 물론이고, 이웃, 나아가 이웃나라와의 외교문제까지 모두 해결할 수 있지 않을까. 세상의 모든 사람들, 특히 한 나라의 지도자가 셰익스피어를 좋아한다면, 세상에서 전쟁은 사라질 것이다. 결투는 그만두고 악수를. 이것이 바로 셰익스피어다.

상상력을 잃어버린 오셀로의 비극

이 '만약'의 상상력을 잃어버린 대표적인 비극이 바로 〈오셀로〉이다.

주인공인 오셀로는 무어인이다. 셰익스피어는 그의 작품에 두 명의 무어인을 등장시킨다. 다른 한 명은 〈타이터스 안드로니커스〉에 나오는 아론인데, 그는 잔혹한 성격의 인물이다. 반면 오셀로는 고결한 성품을 갖고 있는데다가 피부색은 물론이고 나이와 신분도 전혀 다른 백인 귀족의 딸 데스데모나와 결혼까지 한다. 그러나 그는 믿고 있던 이아고의 꼬임에 넘어가, 정숙한 부인이 부관인 캐시오와 부정을 저질렀다고 생각한다. 그리하여 결국 자신의 손으로 부인을 죽이고 만다.

왜 그렇게 쉽게 속아 넘어갔을까? 거기에는 '악마의 색'이라고 멸시받던 흑인에 대한 인식이 드러난 것은 아닐까? 원작의 배경인 이탈리아는 어떤지 모르겠지만, 당시 영국에서는 진짜 흑인을 볼 수 있는 기회가 많지 않았다. 따라서 오셀로와 아론을 통해 영국인들의 흑인에 대한 감정을 엿볼 수밖에 없다. 셰익스피어는 흑인과 유대인처럼 차별 받는 사람들을 인간으로 그려내기는 했다. 하지만 그 문제를 그들 자신의 약점 즉, 콤플렉스로 표현했다.

오셀로도 역시 자신이 흑인이라는 사실을 자각하고 있다. 베네치아(베니스) 공화국은 흑인과 유대인을 너그럽게 받아들이고 있었기 때문에, 오셀로도 장군이 될 수 있었다. 그는 자신이 왕가 출신이라는 말도 하긴 하지만, 어디까지나 백인 사회에 속한 흑인일 뿐이다. 그것을 약점으로 느끼고 있었기 때문에 용감한 장군으로 등장하고 있으나, 그 약점을 건드렸을 때에는 '만약'의 힘을 잃어버리게 된다. 그리고 그렇게 만든 것은 캐시오가 부관이 된 것 때문에 오셸로에게 원한을 품고 있던 기수 이아고이다. 그는 데스데모나와 캐시오의 관계가 수상하다는 거짓말로 오셸로가 그들을 의심하게 만든다.

이아고는 오셸로의 가장 큰 약점인 '무사는 명예에 약하다'는 점을 건드리면서, 명예를 잃는 것이 얼마나 두려운 것인지에 대해 말한다. 그리고 "질투를 경계하셔야 합니다!"라고 말하는데, 이는 이아고의 입장에서는 정말 잘한 행동이다. 그리고 나서는

"이 녀석(질투)은 파란 눈빛을 가진 괴물입니다. 그놈은 사람의 마음
을 산 제물로 만들어, 그것을 갖고 노는 것입니다."

라고 말한다.

오셸로는, 자신은 그리 간단히 질투에 사로잡히지 않는다고 자신하지만, 결국 이아고의 술수에 넘어가고 만다. 이아고는 캐시오와 데스데모나가 함께 있을 때를 주의 깊게 보라고 하면서 이렇게 말한다.

"저는 제 고향 사람들의 성격을 잘 압니다.
베니스의 여자들은 신께는 음란한 짓을 태연히 보여도,
남편에게만은 숨깁니다.……"

그때부터 오셀로는 급속히 말수가 줄어들고, 맞장구 정도만 친다. 결국 이아고의 말을 곧이곧대로 받아들여 판단보류, 즉 '만약'이라는 상상력을 잃어버리고 말았다.

데스데모나의 경우에도 손수건을 잃어버린 것이 약점으로 작용한다. 잃어버렸을 때 솔직하게 사실을 털어놓았으면 괜찮았을 것이다. 하지만 데스데모나는 '만약 그렇게 말하면 오셀로가 뭐라고 할까'라는 상상력을 이미 잃어버린 상태였다. 두 사람의 사랑을 기념하는 물건을 잃어버렸다는 약점을 갖고 있기 때문이다. 그녀는 오셀로가 "그 손수건을 주시오"라고 했을 때, "그런 것보다도"라며 얼버무리려고 한다.

에밀리아(이아고의 부인)가 남편이 어쩌면 질투를 하는 것이 아니냐고 하자, 자신은 바람을 피지도 않았으니 질투할 만한 이유가 없다고 하면서, 거기에만 신경을 쓴다. 어쩌면 다른 누군가가 질투할 만한 이유를 남편에게 심어줬을지도 모른다는 상상은 하지 못한다. 그렇기 때문에, '나는 나쁜 짓은 하나도 하지 않았으니 남편이 질투할 만한 이유는 없어. 다른 일로 화가 나서 나에게 분풀이를 하는 걸 거야'라는 정도의 상상력만 발휘한다. 만약 정말 질투할 만한 이유가 없었다면, "나는 아무 짓도 하지 않았어요. 손수건은 그냥 떨어뜨린 거예요, 미안해요, 같이 찾아보세요"라고 말해야 했고, 오셀로는 그냥 넘어갔을지도 모른다. 하지만 데스데모나는 그런 상상을 하지 못했다.

두 사람 모두 상상을 하지 못했다. 하지만 이아고만은 상상력을 발휘해서 손수건을 잘만 이용하면 어떻게 될지 알고 있었다.

"이 손수건을 캐시오 숙소에 떨어뜨려두면, 그놈이 발견하겠지. 공기처럼 가벼운 물건이라도 질투심에 불타는 놈에게는 성서만큼 효력이 있는 증거가 될 거야. 이 보잘것없는 것도 한 몫 단단히 하겠지. 무어인은 벌써부터 내가 뿜은 독에 마치 다른 사람처럼 변해가고 있어."

오셀로에 대해서는 다양한 해석이 가능하지만, '만약'의 힘으로 비극을 막을 수 있지 않았을까 하는 현대적인 관점에서도 생각해보길 바란다.

악역 샤일록의 입장이 되면

전쟁이나 다른 민족·종교 간의 대립은 셰익스피어가 살던 시대에도 있었다. '만약'이라는 상상력과 관련지어 생각해볼 작품은 그 유명한 〈베니스의 상인〉이다.

이 작품에서 유대인 고리대금업자인 샤일록은 베니스의 상인인 안토니오에게 돈을 빌려준다. 그리고 기한 내에 돈을 갚지 못하면 안토니오의 살 1파운드를 가져간다는 조건을 붙인다. 기한이 지나자 샤일록은 계약대로 살을 잘라가겠다고 하면서, 안토니오의 친구들에게 그에 대한 원한을 털어놓는다.

그때, 자신은 유대인이라서 그에게 숱한 멸시를 당했다며 다음과 같은 대사를 말한다.

"유대인은 눈이 없고, 손이 없소? 오장육부가, 사지(四肢)가, 감각, 감정, 정열이 없단 말이오? 예수쟁이들하고 뭐가 다르오? 같은 음식을 먹고, 칼로 찌르면 상처가 나고, 같은 병에 걸리고, 같은 약으로 치료하면 낫고, 똑같이 겨울에는 춥고, 여름에는 더운데, 우리는 뭔가를 느끼지도 못한다고 하는 것이오? 찌르면 피 한 방울도 안 나고, 간질여도 웃지 않고, 독약을 먹여도 우린 죽지도 않는 그런 사람들이라는 것이오? 그러니 우리는 아무리 심한 짓을 당해도 복수란 하면 안 된다는 것이오?……"

분명히 샤일록의 말에도 일리는 있다. 앞으로 〈베니스의 상인〉의 주인공을 샤일록이라고 보면, '유대인의 비극'을 그려냈다는 해석도 가능하다는 것을 알기 바란다. 그러나 그 하나의 주제만으로 이 작품을 보기에는 무리가 있다.

또한 셰익스피어가 살고 있던 영국에서는 반유대인 감정이 지배적이었다. 그 기원을 거슬러 올라가면 1290년에 에드워드 1세가 선포한 유대인 추방령이 그대로 남아 있었다. 그렇기 때문에 런던에 살고 있던 유대인들은 그야말로 비합법적인 거주를 하고 있었다. 제대로 된 직업을 가질 수 없었던 그들은 대부분 사람들이 꺼리는 고리대금업을 했다. 당시 영국인들은 돈으로 이자를 남기는 것을 죄로 여겨 나쁘게 보고 있었다. 그러면서도 어쩔 수 없이 그들의 돈을 빌려야만 했고, 그런 죄악감이 비뚤어져 반유대인 감정으로 옮겨갔다. 특히 1594년에 유대계 포르투갈인 의사 로드리고 로페스가 엘리자베스 여왕의 암살을 계획했다는 이유로 처형당하는 사건이 발생한다. 본인은 마지막까지 부정했지만, 이는 당시 여왕을 좋아했던 국민감정이 유대인들을 향해 폭발하는 계기가 됐다. 〈베니스의 상인〉은 그 2~3년 후에 상연된 작품이다. 그렇기 때문에 작품에는 이 사건이 투영돼 있다고 볼 수도 있다.

실제로 처음에 샤일록이 안토니오를 보고 방백하는 장면은 이렇다.

"뭐야, 저 놈은. 꼭 하나님께 아첨 떠는 세금쟁이처럼 생겼군. 난 저 놈이 싫어. 예수쟁이거든. 하지만 그것보다 더 맘에 안 드는 건 겸손한 척은 다하면서 굽실거리고, 무이자로 돈을 마구 꿔주어 베니스의 우리 고리대금업자들의 금리를 낮추고 있단 말이지. 어디 한 번 저 놈의 약점을 잡기만 해봐. 쌓인 원한을 톡톡히 갚고 말테야."

여기서 샤일록은 분명히 증오의 감정을 가진 인물로 등장한다. 그렇다면 어째서 그런 말을 하고 있을까? 셰익스피어는 한 인물을 표현할 때 그 사람의 입장에서 묘사한다. 대체로 주인공은 자신의 의견을 대변하는 인물이고, 악역은 그 반대이게 마련이다. 하지만 셰익스피어가 인간을 그려내는 방식은, 샤일록의 입장에서는 유대인도 기독교인과 다를 바 없지 않느냐고 그의 내면에서 외치는 절규까지 묘사하는 것이다.

당시에는 유대인이라는 이유만으로 반감을 샀지만, 셰익스피어는 유대인이라는 민족문제가 아니라 샤일록이라는 개인을 그려내려 했고, 그들의 입장에 서서 글을 썼다. 그 어떤 조연이건, 악역이건 간에 대사를 하고 있을 때는 주인공이라는 의식, 즉 나는 세상의 중심에 있다는 생각을 갖고 이야기를 하는 것이다. 대부분의 극작가들은 주연에게만 초점을 맞추지, 단역에게까지는 신경을 쓰지 않는다. 하지만 셰익스피어의 작품에서는 왕이건, 시민이건, 정원사건 간에 대사를 하고 있을 때는 세상의 중심에 있다. 모두가 주인공이라는 생각을 갖고 대사를 한다. 그렇기 때문에 유대인의 비극을 그려냈다는 해석도 가능하다. '만인의 마음을 가진 셰익스피어'라고도 한다. 그가 만인의 인간을 그리고자 하면, 만인의 마음을 모두 그려낸다. 일반적으로 생각하면 샤일록은 악역이니까 마지막까지 밉게 만들면 될 텐데도 셰익스피어는 인간 샤일록의 마음까지 모두 표현해낸다. 그렇다면 셰익스피어는 유대인 옹호파였을까. 역사적으로 봐도 그렇지는 않다. 하지만 셰익스피어가 그들을 국가와 민족의 문제가 아닌 인간의 문제로 다뤘다는 점은 짚어봐야 할 것이다.

즉, 셰익스피어의 연극은 하나의 대사를 보고 판단할 수 있는 것이 아니라, 전체를 봐야 무엇을 이야기하려는지 알 수 있다. 샤일록의 대사만 보고 판단할 것이 아니라, 전체를 보고 판단하는 것이 중요하다. 그나저나 앞의("유대인에게는~"부터의 대사) 대사는 지금 읽어도 대단하다. 이는 유대인뿐만 아니라 다른 나라, 다른 민족의 입장에 서서 생각해보는 것이 얼마나 중요한지를 깨닫게 한다. 지금 셰익스피어가 살아 있다면 미국의 대통령에게 "이라크 사람도 사람이다." "베트남 사람도 사람이다"라고 말했을지도 모른다.

샤일록뿐 아니라 〈타이터스 안드로니커스〉라는 비극에도 아론이라는 굉장히 나쁜 악당이 등장한다. 그는 로마제국 왕비의 애인이 되어 왕비에게 자신의 아이를 낳게 했다. 하지만 검은 피부를 가진 무어인이라는 이유로 왕비가 아이를 죽이려 하자, 필사적으로 그 아이를 지키려고 한다. 그리고 그가 타이터스의 아들에게 붙잡혔을 때 자신은 고문을 받으면서도 아이만은 살려달라고 필사적으로 부탁하는 모습을 그려냈다. 아론은 사실 나쁜 사람이지만 셰익스피어는 그를 '인간은 인간이다'라는 입장에서 표현해냈다.

그렇다고 해서 인종차별을 하지 말자는 쪽으로 나아가는 것은 아니다. 그저 아무리 나쁜 사람이라고 해도 그 역시 사람이라는 태도로 다가선다. 도둑, 창녀 등 여러 사람들이 대사를 할 때, 그런 마음을 갖고 이야기한다는 점은 셰익스피어의 가장 뛰어난 면 중 하나이다.

'무기는 말'과 커뮤니케이션

'무기는 말' — 셰익스피어가 가진 최고의 무기는 말이었다.

그가 살던 시대의 극장은 지금처럼 정면으로 마주보는 것이 아니라, 삼면으로 관객이 둘러싸고 있었다. 그러므로 그들에게 모든 것을 동시에 전하기 위해서는 대사가 가장 중요했다. 19세기 이후 연극에서 나타나는 경향 중 하나가 드라마트루기(Dramaturgy, 연극을 구성하는 방법이나 기법)로써 수수께끼를 남긴 뒤, 관객이 그 답을 모르도록 극을 이끌어가는 방식이다. 즉, 추리소설 같은 기법이다. 조금씩 진상을 알려주다가 마지막에는 의외의 반전이 기다린다. 처음에는 관객에게 아무것도 알려주지 않는다. 그 이전의 연극은 처음부터 관객에게 모든 것을 알려주었다. 적어도 셰익스피어뿐 아니라 영국 엘리자베스시대 연극은 모두 그랬다.

그렇다면 어째서 다른 작가들보다 셰익스피어에게 말은 최강의 무기일까? 그리스 연극 이후부터 관객은 주인공과 조연이 있으면 주인공에게 감정이입을 하면서 연극을 지켜봤다. 주인공의 대사는 관객도 집중해서 듣지만, 조연이 하는 대사는 "이 사람은 이런 말을 하는구나"하고 그냥 넘어갈 뿐이다. 그렇지만 셰익스피어의 연극에서는 대사를 할 땐 모두가 주인공이라는 생각을 가진다. 다른 극작가들은 그렇지 않다. 나쁜 사람은 마냥 나쁠 뿐이지, 악역의 마음으로 대사를 쓰지는 않는다. 그러니 주인공이 조연의 대사를 들을 때, 조연이 어떤 말을 하는지는 크게 중요하지 않다. 즉, 그저 '정보'로 받아들일 뿐이지, 그가 어떤 생각을 하는지는 아무래도 상관없었다.

하지만 셰익스피어는 이아고와 같은 악역을 표현할 때도 그의 입장에서 쓴다. 그렇기 때문에 그의 대사에는 진심이 담긴다. 그 어떤 조연이라도 마찬가지다. 셰익스피어 작품 속의 대사는 정보가 아니라 마음이 담긴 말인 것이다. 주인공뿐만 아니라 등장인물 하나하나에 마음이 담겨있다. 그렇기에 '무기는 말'이다. 그런 셰익스피어의 연극에서 지금 우리가 배울 수 있는 것은 소통능력, 즉 커뮤니케이션 문제가 아닐까.

우리는 자기만을 생각하며 살아간다. 부모자식 관계에서 부모는 내가 낳아서 이렇게까지 길러줬다는 생각으로 자식을 대한다. 반면, 자식은 낳아달라고 부탁한 적도 없다고 생각한다. 각자 자기가 지닌 생각만으로 상대를 대하고, 상대가 하는 말은 듣지 않기 때문에 대화를 나눠도 30% 정도의 마음밖에 통하지 않는다. 부모가 자식이 하는 말을 자식의 입장으로 들으면 100이 될 것인데, 부모 입장에서만 들으려고 하니까 30밖에 되지 않는다.

지금 현대인에게 부족한 것은 바쁘다는 이유로 얼굴을 마주하고 대화를 나눌 기회가 적다는 사실이다. 말뿐만 아니라 상대의 얼굴색이나 눈동자의 움직임, 목소리를 직접 대하면서 이야기할 기회가 점점 줄어들고 있다. 문자메시지와 같은 매체를 사용하는 일이 늘면서 직접 말로 하는 대화가 줄고 있는 것이다. 이렇게 되면 자기 생각을 문자메시지로 보내고, 또 상대가 하는 말도 문자메시지로 받으면서 자신이 듣고 싶은 말만 골라 듣는다. 상대의 입장이 되어 듣지 않는다. 이대로 가면 커뮤니케이션은 상당히 빈약해진다.

대화라는 것은 서로 상대가 있어야 한다. 그렇지 않으면 진정한 대화가 성립되지 않는다는 것을 셰익스피어의 작품에서 배워야 한다. 정보의 교환으로 요즘 젊은이들은 우리가 젊었을 때보다 훨씬 많은 것을 얻고 있다. 그렇지만 눈에 보이지 않는, 계산할 수 없는 마음을 서로 느껴보면 어떨까.

연극은 영상이 아닌 살아있는 사람이 희로애락, 애증의 괴로움, 안

타까움을 표현하고, 또 울고 웃는다. 이를 통해 등장인물 간에 마음
이 오가는 것을 지켜본다면 제 3자의 입장에서도 감정이입을 할 수
있을 것이다.

즉, A와 B가 대화를 나누고 있으면 한쪽의 입장이 아니라 두 사
람 모두에게 감정이입을 할 수 있다. 자연스럽게 모두가 그렇게 할
수 있으면, 일상생활에서도 정보만이 아닌 마음의 교류도 가능해진
다. 그런 면에서 셰익스피어의 연극은 최고의 감정교육의 소재가 되
고 있다.

'사느냐 죽느냐' 로는 석연치 않은 햄릿

셰익스피어의 작품은 연극을 볼 때마다, 혹은 읽을 때마다 새로운
발견을 하게 한다. 그 중에서 인간이 얼마나 헤매고, 얼마나 고민하
고, 또 얼마나 부정확한 존재인지를 다시 한 번 일깨워주는 것이 〈햄
릿〉이다. 이는 나 역시 가장 좋아하는 작품이다.

그 중에서 햄릿이 자신을 돌아보면서 하는 유명한 독백, "To Be,
or not To Be: That is the Question"은 '사느냐, 죽느냐, 그것
이 문제로다'라는 번역으로 널리 알려져 있다. 하지만 내가 한 번역
은 이러하다.

"이대로 괜찮은가, 괜찮지 않은가, 그것이 문제로다."

왜냐하면 이어지는 대사의 내용을 생각해봤기 때문이다.

"어느 쪽이 더 당당한 삶인가. 이대로 마음속에서 가혹한 운명의 화살을 참는 것인가, 아니면 다가오는 고난의 거센 파도에 정면으로 맞서 싸워, 그것에 종지부를 찍는 것인가. ……"

햄릿은 자신이 싫어하는 숙부가 왕이 되고, 그에게 어머니마저 빼앗긴 상황에 놓여있다. 어머니는 그렇게 아버지를 사랑했으면서, 아버지가 돌아가신 지 겨우 한두 달 만에 아버지의 친동생이자 자신이 그렇게 증오하던 남자와 재혼을 해버린다. "약한 자여, 그대 이름은 여자"라는 대사는 마음이 변한 어머니를 향한 외침이다. 또한 그런 어머니에게서 태어난 자신 역시 믿을 수 없다는 자기불신에 빠지게 된다. 게다가 아버지는 망령으로 나타나, 동생이 자신의 목숨과 왕의 자리를 빼앗았다고 말한다. 이런 상황 속에서 참고 견디는 것이 아니라 결심을 하고 행동에 나서 싸운다. 이것은 죽느냐 사느냐, 복수를 해야 하느냐 마느냐 하는 것이 아니다. 이 괴로운 상황을 그대로 유지해야 하느냐, 맞서 싸워야 하느냐 하는 고민이다. 이 문제는 제 4장에서 다시 자세히 다루도록 하겠다. 그런데다가 햄릿은 어느 쪽이 더 당당한 것인가라는 물음을 던지면서도, 이것도 저것도 아니라고 하며 답을 얻지 못한다. 결론으로 나온 것은 다음의 대사이다.

"이런 걱정들은 우리를 더욱 겁쟁이로 만들고, 이런 결의를 다져도 분별의 병 때문에 혈색은 창백해지기만 한다. 그리하여 생사가 걸릴 만큼 중요한 일도 그 때문에 어느 순간 나아갈 길을 잃고, 행동에 옮기지 못한 채 끝나고 마는 것이다."

어째서일까. 이는 가치기준을 상실했기 때문이다. 나는 그것을 '내적 카오스' 상태라고 말한다. 가치기준은 행동기준이기도 하다. 인간이란 좋은 행동을 하고 싶어 한다. 좋고 나쁨을 판단하는 기준과 행동기준을 잃어버리면 인간은 어떻게 행동하게 될까. 햄릿은 생각만 하고 있지, 아무런 행동도 하지 않는다.

그 시기 셰익스피어의 4대 비극은 내적 카오스에 빠진 사람을 그려낸다. 지금 일본에서는 가치의 다양화라고 부르지만, 나는 이를 카오스화라고 생각한다. 일반 서민들 중에 명확한 가치기준을 갖고 있는 사람은 많지 않다. 그렇기에 한발 물러서서 보는 눈을 가지는 것이 중요해진다.

그 유명한 '수녀원 장면'에서 햄릿은 연인 오필리아에게 "나도 한때는 그대를 사랑했소"라고 말한 직후에 "나는 사랑 따윈 하지 않았소"라고 한다. 어느 쪽이 진짜인가 하는 논란도 있다. 하지만 이는 햄릿 본인도 잘 모르고 있다. 그것은 그에게 사랑이 무엇인지에 대한 판단기준이 없기 때문이다. 〈트로일러스와 크레시다〉에서도 비슷한 장면이 나온다. 서로 사랑하는 연인은 트로이 전쟁 때문에 억지로 헤어진 뒤, 각각 그리스와 트로이로 간다. 당시에는 낮엔 전쟁을 해도 저녁에는 아군적군 할 것 없이 함께 술을 마시곤 했다. 트로일러스는 그리스군의 캠프에서 술을 마실 때, 크레시다가 그곳에 있는 것을 알고 있으니 만나게 해달라고 부탁해 그녀를 만난다. 그러나 크레시다는 이미 다른 그리스인과 사랑을 나누고 있었으며, 자기가 준 사랑의 증표까지 그에게 준 상태였다. 그것을 본 트로일러스는 이런 말을 한다.

"저것은 크레시다이지만 크레시다가 아니야!"

이 대사에 대해 '저 크레시다의 육체는 확실히 크레시다이지만, 마음은 서로 사랑하던 그때의 크레시다가 아니다'라는 해석을 하기도 하는데, 나는 그렇게 생각하지 않는다.

그만큼 힘든 상황을 겪었고, 지금도 피눈물을 흘릴 만큼 괴로운데 애인은 이미 다른 남자와 사랑을 하고 있다. 그것을 본 남자가 과연 이런 분석을 할까? '저런 게 진짜 크레시다일 리가 없어!'라는 마음을 가질 것이다. 그렇지만 크레시다라는 것은 또 틀림없는 사실이다.

긍정과 부정의 이중 이미지, 자기가 누구인지도 모를 만큼 괴로운 상황, 셰익스피어는 그런 인간들에 흥미를 갖고 그들의 모습을 그려 냈다. 이것은 세기를 뛰어넘어 현대성을 느끼게 하는 부분이다. 이런 것이 없었다면 그 역시, 역사 속에 있는 수많은 연극들 중 하나에 지나지 않았을 것이다. 이런 것을 그려냈기 때문에 셰익스피어의 작품은 지금까지도 살아 있다. 셰익스피어의 작품 속 인물은 연출가가 아니라 한명 한명의 배우이다. 햄릿도 그렇고, 리어 왕도 마찬가지다. 아등바등 노력은 하지만 결국에는 전체를 보지 못하는 존재이며, 자기 자신조차 객관적으로 바라보지 못하는 세계 속에 있다. 백명의 사람이 햄릿을 연기하면 백명의 인물이 표현된다. 그렇다고 해서 그 중 어느 것이 정답이라고 할 수 없다. 그래서 더욱 재미가 있다.

전 일본 총리인 고이즈미 준이치로가 자주 하는 "……에 찬성인가, 반대인가"라는 말처럼, 어느 하나가 답이라고 판정을 내릴 수 없는 세계다. 셰익스피어는 자기가 편한 대로 단순화하지 않는다. 일본인이 고이즈미 총리의 표현을 좋아하는 이유는 판정이란 것이 일반인들에게 매력적으로 느껴지기 때문이다. 자기들은 좀처럼 판정을 내릴 수 없는 문제라도 고이즈미가 말하면, "내가 하고 싶던 말이 바로 저거야"라고 생각한다. 그런 면이 대중의 관심을 끈다.

햄릿의 대사로 다시 돌아가 보자. 나를 포함한 모든 사람이 이제껏 몇 번이고 "이대로 괜찮은가, 괜찮지 않은가"라는 고민과 자문자답을 해봤을 것이다. 내 경우에는 항상 "이대로 괜찮지 않은 것이 아닐까?"하는 상황에서 이런 생각을 한다. "이대로 괜찮다"라고 생각한 적은 많지 않다.

리얼리즘과 유머의 일체화

한발 물러서서 보는 눈이란 리얼리즘의 눈을 말한다. 그 반대는 아이디얼리즘(=이상주의)이며, 인간의 좋은 부분만 바라보는 것이다. 하지만 인간은 그렇게 간단하지 않다. 엉망인 부분도 있고, 나쁜 부분, 잔인한 면도 있다. 즉, 좋은 부분에 대치되는 어두운 면을 갖고 있다. 인간은 양면을 모두 갖고 있다. 그럴 때, 셰익스피어는 그 부정적인 면을 냉정하게 비판하고 없애려하지 않는다. 그런 면도 포함한 것이 인간이기 때문에 그것을 안고 살아가야 한다. 그런 인간미가 넘치는 따뜻함과 재치가 바로 유머다. 리얼리즘과 유머의 일체화는 셰익스피어가 가진 큰 특징 가운데 하나다.

〈로미오와 줄리엣〉에 나오는 줄리엣의 유모를 그 예로 들 수 있다. 그녀는 리얼리즘과 유머가 합쳐진 결과물이다. 유모는 친어머니 이상으로 모든 것을 바쳐 줄리엣의 시중을 든다. 어머니는 자신이 낳은 딸이니까 당연히 딸을 사랑하지만, 자신도 어머니로서 당연히 그 사랑을 돌려받아야 한다고 생각한다. 하지만 유모는 바라는 것이 없는 사랑을 한다. 그만큼 줄리엣을 아낀다. 부모조차 알지 못하는 로미오와의 결혼식에도 유모는 참석한다. 그러나 그 직후에 로미오는 줄리엣의 사촌인 티볼트를 죽여 추방당한다. 이 때문에 줄리엣은 슬퍼하는데, 줄리엣의 부모는 그저 사촌의 죽음을 슬퍼한다고 생각한다. 그래서 줄리엣에게 구혼 중인 패리스 백작과 서둘러 결혼을 시키려고 한다.

줄리엣은 이미 로미오와 결혼을 한 상태였기 때문에, 이중결혼이라는 죄를 범할 수 없었다. 그래서 아버지에게 제발 결혼을 미뤄달라고 부탁을 하지만, 아버지는 자신의 말에 따르지 않으려면 집을 나가라고 한다. 어머니에게 하소연을 해도 그저 알아서 하라고만 한다.

줄리엣은 마지막으로 자신을 위해 진심을 다하는 유모에게 가서 어떻게 하면 좋을지 묻는다. 그러자 유모는 이렇게 말한다.

"로미오는 추방당했어요. 이 천지가 뒤집히는 날이 온다고 해도 돌아와서 아가씨를 부인이라고 부를 일은 없을 테죠. 어쩌다 돌아온다고 해도, 사람 눈을 피해 다녀야 할 거예요. 그러니 이왕 일이 이렇게된 거, 아가씨는 백작님하고 결혼하는 게 좋아요. 백작님은 멋진 분이에요. 로미오 같은 건 그 분에 비하면 헝겊조각이지.……"

연극에서 유모 역을 맡은 배우들은 이 장면을 의아해한다. 왜일까. 유모를 연기하는 입장에서 보면, 지금까지 헌신적으로 아가씨를 보살펴왔고 로미오와의 결혼까지 주선했으면서, 왜 이제 와서 이러는지 이해하지 못한다. "이런 대사는 못 하겠어요"라고 한 배우도 있었다. 분명히 이상주의에서는 로미오를 향한 사랑을 갖고 사는 것이 옳다. 하지만 유모는 서민의 입장에서 생각한다. 지금 줄리엣은 로미오와 함께 살 수 없다. 그리고 이 둘의 결혼을 알고 있는 사람은 신부와 유모밖에 없다. 신부 역시 이중결혼의 죄를 범하고 싶지 않기 때문에 로미오와의 결혼은 없었던 것으로 할 수 있다. 유모는 이런 계산을 했을 것이다. 서민의 입장에서 보면 저것은 그저 소꿉놀이에 불과할 뿐이다. 그리고 로미오보다 패리스 백작과 결혼하는 것이 줄리엣을 더 행복하게 해주리라고 생각한다. 바로 이것이 리얼리즘이다. 다만, 계산된 행동으로 어느 것이 더 이득인지만을 따지면 유머는 성립되지 않는다. 유모의 생각은 이럴 것이다.

"사람은 여러 경험을 하는 것이 좋으니, 로미오와 연애를 한 것도 좋은 경험이 될 수 있다. 하지만 이렇게 된 이상, 그 일은 과거에 묻어두고 앞으로는 패리스의 부인이 되는 편이 더 행복하다. 인생이란 게 그런 것 아닌가. 결혼하자마자 배신을 하는 것은 분명 죄가 될지도 모른다. 하지만 지금 이건 어쩔 수 없는 상황이다. 그렇다 해도 사람은 사랑을 하고 살아야 하지 않을까."

그런 관점에서 이 유모를 바라본다면 단순히 계산적이고 현실적인 사람이 아닌, 인간미 넘치고 리얼리즘과 유머가 공존하는 사람임을 알게 된다.

그리고 또 다른 예가 〈헨리 4세 제1부〉에 나오는 폴스타프이다. 그는 왕자인 할(뒤에 헨리 5세가 된다)의 술친구다. 나쁜 짓이라면 뭐든 좋아하는 주제에 한편으로는 겁쟁이다. 그는 반란군과 맞서 싸워야 할 때, "술자리에는 가장 먼저 달려가지만, 전쟁터에는 가장 마지막에 가지"라는 대사를 남긴다. 원문에서는 두 줄로 운을 맞췄기 때문에, 나는 이렇게 번역했다.

"전쟁터에는 가장 마지막에, 술자리에는 가장 먼저.
이것이 겁쟁이 무사와 식충이를 유지하는 비결이지."

이것이 리얼리즘이다. 이상주의의 입장에서 보면, 기사에게는 전쟁터에 가장 먼저 달려가는 것이 명예로운 일이다. 그것을 리얼리즘의 정신으로 전쟁터에는 가장 마지막에 가고 싶고, 술자리에는 가장 먼저 달려가고 싶다고 표현하여 관객의 웃음을 유도한다. 만약 폴스타프의 말이 모두 계산된 것이라면 사람들은 그를 싫어할 것이다. 하지만 그는 셰익스피어가 만들어낸 인물 중에서도 상당히 인기가 많다. 왜일까. 바로 유머가 있기 때문이다. 게다가 자기 자신이 겁쟁이 무사라는 사실을 알고 있다. 하는 말만 들어서는 허황된 소리만 하는 것 같지만, 그의 전체적인 삶을 보면 바보 같은 면이 많아도 결국엔 사랑스러운 사람이란 걸 알 수 있다. 바로 이것이 셰익스피어의 진면목이다.

인간은 이상적인 모습뿐만 아니라 어두운 면도 갖고 있다. 그렇기 때문에 사랑스러운 존재이다. 이것이 바로 셰익스피어 식의 유머이다. 바보 같지만, 그렇기 때문에 웃으면서 용서할 수 있는 사람. 한 발 물러서서 리얼리즘으로 그 모든 걸 바라보면, 사람이 다 이런 거지, 라고 느낄 수 있는 따뜻함. 바로 거기에서 유머가 생겨난다. 그런 발상을 하면 인간을 '승리자와 패배자'로 구분할 수 없다. '지는 것이 이기는 것'이라는 말이 있다. 긴 안목으로 봤을 때, 영원히 이기기란 불가능하다.

호리에몬이란 별명으로 유명한 사업가 호리에 다카후미는 인생을 계획적으로 구분할 수 있다고 한다. "사람의 마음은 돈으로 살 수 있다"고도 한다. 물론 그런 사람도 있다. 하지만 그런 사람들 중에 불쌍한 사람으로 여겨지는 경우도 있다. 무엇이 행복한 것인지를 논할 때, "돈 얘기 밖에 없는 거야? 인생에는 다른 것들도 많이 있다고"라고 말해주고 싶은 사람이. 예를 들면, "어린이가 나에게 방긋 웃음을 보일 때의 행복과, 만 엔을 주웠을 때의 행복. 둘 중 어느 것이 더 소중한가?"라는 질문에, "만 엔도 좋긴 한데, 뭐, 굳이 따지자면 난 이거지"라고 하는 것이 바로 유머다.

셰익스피어가 태어났을 때, 그의 아버지는 상인으로 성공한데다가 읍장까지 지냈다. 하지만 그런 아버지는 셰익스피어가 13세 때 어떤 사정으로 인해 경제적으로 파산한다. 셰익스피어는 18세 때 이른바 속도위반 결혼. 이런 경험을 통해 그가 어릴 때부터 갖게 된 인간관과 인생관이 있었다. 그리고 그것을 평생 갖고 살았는데, 바로 그것이 그의 리얼리즘과 유머에 녹아있다.

지금부터는 셰익스피어가 살던 시대와 성장 과정, 그의 인간관과 역사관이 어떻게 형성되었는지에 대해 자세히 살펴보도록 하겠다.

Chapter 02
셰익스피어의
인간관·역사관의 형성

HUMAN SCIENCE OF SHAKESPEARE

르네상스시대의 사람 — 신에서 인간으로

셰익스피어는 르네상스시대 사람이다. 르네상스란 일반적으로 14
세기에서 16세기에 걸쳐 이탈리아를 중심으로 발생하여 유럽 각지
에서 유행한 학문과 문화의 혁신운동을 말한다. 그 내용을 한마디로
말하면 중세를 넘어 그리스 로마의 고전으로 돌아가자는 것이다. 중
세시대에는 기독교 문명이 인간의 정신세계를 지배하고 있었다. 그
래서 그동안 학문의 중심에는 기독교 신학이 있었다. 그에 반해 그
리스 로마의 문화는 기독교의 지배를 받지 않은 시대였다. 즉, 인간
위주, 인간을 최고로 여기던 시대였다. 르네상스는 이처럼 '자연으로
돌아가자, 인간으로 돌아가자'는 운동이었다. 당시 영국에서는 그리
스 로마의 고전학을 휴머니즘이라고 불렀다. 이는 현재 사용되고 있
는 휴머니즘과는 조금 다르기 때문에, 나는 이를 '인간학'이라고 부

르기로 했다. 그들은 중세를 지배하고 있던 신학에 맞서 고전을 공부하는 것이 바로 인간을 공부하는 것이라고 생각했다. 인간성을 회복한다. 그것은 신이 모든 것을 정하는 것이 아니라, 인간의 가치관과 그 장점을 인정하면서 '자아'를 발견하는 것이었다. 그것이 바로 근대가 된다. 그런 커다란 흐름 속에서 보면, 셰익스피어의 아버지는 아마 가톨릭 신자였을 것이다. 하지만 셰익스피어는 기독교 신도였으며, 동시에 르네상스시대의 사람이기도 했다.

그게 바로 설명하기 어려운 점인데, 영국 종교의 특수성으로 16세기에 영국 국교회(성공회)가 만들어 졌다. 헨리 8세는 형이 죽자 형수인 캐서린을 정실로 맞이했다. 형수는 당시 가톨릭의 최대 강국이었던 스페인의 왕녀였다. 그녀와 결혼은 했으나, 사실 형수와의 결혼은 성서에는 금지된 일이다. 말하자면 근친상간이었다. 원래는 용서받을 수 없는 일이지만, 정략결혼이므로 로마 교회도 이에 특별허가를 내렸다. 햄릿이 처음에 괴로워한 것도 어머니가 아버지의 동생(숙부)과 결혼하는 것이 근친상간에 해당한다고 생각했기 때문이다.

그렇게 끝냈으면 좋았을 걸, 헨리 8세는 부인을 6명이나 바꿨다. 그 중에서도 형수의 시녀였던 앤 불린이라는 여자에게 관심을 가져 그녀와 결혼하려고 했다. 그래서 어떻게 됐을까. 헨리 8세와 캐서린과의 사이에 아들이 있었는데, 태어난 지 얼마 안 되어 죽고 만다. 메리라는 딸은 살아남았지만, 아들은 모두 어릴 때 죽는다. 헨리 8세는 이를 자신이 금기를 어기고 형수와 결혼했기 때문에 받은 신벌이라고 생각했다. 그리하여 죄는 바로잡아야 하니 이혼을 하겠다는 말을 꺼낸다. 하지만 로마 가톨릭 교회에서는 이혼을 금하고 있었기 때문에 이를 허락하지 않았다. 결국 헨리 8세는 앤 불린과 결혼을 하려고 로마 가톨릭 교회에서 독립한다. 그리고 '영국에서는 정치세계의 수장이 정신세계(교회)의 수장'이라는 수장령(1534)을 선포하면서 영국 국교회를 만들었다.

그리고 그가 죽은 뒤 캐서린의 딸인 메리가 여왕이 된다. 그녀는 스페인 왕실의 피를 이었기 때문에, 다시 가톨릭으로 돌아간다. 그리고 신교도(개신교)인 영국 국교회파를 모두 처단하기 시작했다. 이 때문에 그녀는 '피의 메리'라는 섬뜩한 별명을 얻는다.

하지만 그런 메리도 오래 살지 못했고, 1558년에 엘리자베스 여왕이 그 뒤를 잇는다. 그녀는 앤 불린과 헨리 8세 사이에서 태어났기 때문에, 또 다시 영국 국교회로 돌아간다.(1559) 그리고 이때 가톨릭의 반발이 일어난다. 셰익스피어가 태어날 무렵 영국에는 가톨릭과 국교회는 물론이고 무신론자도 있었다. 신교도라고 불리던 사람들 중에서도 국교회 사람들은 신앙에서 가톨릭과 상당히 비슷하다. 그리고 그와 가장 거리가 먼 청교도는 영국을 버리고 미국으로 건너간다. 종교에는 다양한 입장이 있고, 또 정치세력과 연결돼 있었다. 그때는 바로 그런 시대였다.

그리고 셰익스피어는 그런 부분의 균형을 실로 잘 맞추고 있다.

〈햄릿〉에서 예를 들면, 햄릿과 호레이쇼는 비텐베르크(독일)의 대학생이라는 설정이다. 비텐베르크라는 곳은 개신교의 발상지이기 때문에 정신적인 영향을 받았을 것으로 여겨진다. 그런데 〈햄릿〉의

도입 부분에 나타나는 망령은 연옥(煉獄)에서 나타난 것이라는 설정이다. 이것은 셰익스피어 자신이 연기를 하던 배역이다. 하지만 개신교는 연옥의 존재를 부정하고 있다. 그렇기 때문에 햄릿은 이것이 악마인지, 아니면 진짜 혼령인지 의심한다. 그리고 극 중 극을 계획하여 사실을 확인하는데, 결국 셰익스피어는 이 둘 중에 무엇을 믿었던 것일까.

내가 봤을 때, 그는 신의 존재를 부정하지는 않았지만, 가톨릭에도 개신교에도 속하지 않았다. 그렇게 해야만 했던 종교적 갈등이 있었기 때문이다. 태도가 분명하면 여러 가지로 위험했던 시대였기 때문에, 그는 종교적·정치적인 의견을 명확히 내세우지 않았다. 그렇기 때문에 그는 한발 물러서서 인간의 이런저런 면을 모두 바라보는 입장에서 작품을 써냈다.

당시 이탈리아, 프랑스 등의 라틴계 사람들은 자신의 의견을 좀 더 확실하게 표현하기도 했다. 반면, 앵글로색슨계 사람들은 명확한 의견을 밝히지 않았는데, 셰익스피어는 이 앵글로색슨계로 추정된다. '인간 위주'라고 해도 신을 버리지는 않는다. 하지만 가톨릭인지 개신교인지 자신의 입장을 명확히 하지 않는다. 이것은 당시를 살아가는 지혜였을 것이다.

특히 공동제작을 하는 연극의 세계에는 다양한 사상을 갖고 있는 사람들이 들어왔다. 정치나 종교 논쟁도 있었고, 그 논쟁에 말려들어 죽음을 당한 사람들도 많았다. 셰익스피어는 그런 세계에서 살아

남았다. 인간 위주라고 해도, 인간이 이렇게 살아야 한다는 강요는 하지 않는다. 인간이란 이처럼 기뻐하고 슬퍼하는 존재라고 하지만, 이렇게 돼야 한다고는 하지 않는다.

'겉모습과 진실'을 체험하다 — 유년기와 소년기

그렇다면 그런 셰익스피어의 인간관은 어떻게 형성됐을까. 그의 어릴 때로 가보자. 윌리엄 셰익스피어는 1564년 4월에 영국의 스트랫퍼드 어폰 에이번이라는 조그만 마을에서 태어났다. 아버지는 존 셰익스피어. 어머니는 메리 아덴. 아버지는 성공한 상인으로 피혁가 공업 등을 했다. 전문 상점이라기보다 편의점처럼 여러 상품을 판매했다.

그는 상인으로 성공하자 마을 정계에 얼굴을 내밀기 시작한다. 셰익스피어가 태어난 다음 해, 아버지는 14명의 읍 의회 의원 중 한명이 된다. 그리고 그가 4세가 되던 해에는 읍장까지 지낸다. 즉, 유년기에는 마을 최고 명사의 도련님이었다. 당시 읍장의 임기는 1년이었지만, 그 후에도 전 읍장의 자격으로 마을 정계에 자주 참여했다. 마을 공식행사의 출석자 명부를 보면, 존의 이름이 대부분 맨 처음에 올라와 있는 걸 알 수 있다.

하지만 셰익스피어가 13세가 되던 해부터 마을 공식행사의 출석자 명부에서 존의 이름이 사라진다. 그 다음 해에는 집이 저당 잡혀

지고, 40파운드의 빚을 진다. 게다가 그 다음 해에는 부인인 메리 아덴의 재산(지참금)마저 처분된다. 메리의 집은 큰 농가였는데, 당시 부인의 재산은 결혼할 때 남편의 것이 됐다. 어쨌든 셰익스피어의 소년기에 아버지가 경제적으로 몰락해버렸다. 이유는 분명하지 않다. 아마 투자를 했거나, 아니면 누군가에게 사기를 당했을 가능성이 많다. 즉, 유년기에 마을 최고의 도련님이었다가 소년기에는 아버지의 몰락을 경험했다.

여기서부터는 나의 추측이다. 세상에는 여러 인생이 있다. 처음부터 부잣집 도련님으로 태어나서 죽을 때까지 고생도 모르고 편하게 살다가 죽는 사람도 있다. 반면, 가난한 집에서 태어나 아무리 노력해도 결실을 맺지 못하고 고생만 하다 죽는 사람도 있다. 또한 가난한 집에서 태어났지만 노력해서 성공한다는, 이른바 미국인들이 좋아하는 성공스토리도 있다. 과연 이런 사람은 어떤 인생관을 갖고 있을까. 아마 인간은 노력하면 그 보상을 받을 수 있다, 노력에 따라 행복을 잡을 수 있다는 인생관을 가질 것이다.

하지만 셰익스피어처럼 유년기에는 행복했지만 소년기에 몰락하고, 그의 아버지처럼 극복하려 애를 써도 잘 안 되는 경우도 있다. 그런 모습을 보고 자라면 "행복과 불행은 개인의 힘을 넘어선 커다란 힘(기독교인들은 운명이라고 부른다)에 좌우되는 것은 아닐까. 그렇다면 인간에게는 개인의 힘으론 어떻게 할 수 없는 행복도 있고 불행도 있는 것이다"라는 인생관을 갖게 되지 않을까.

유년기의 셰익스피어가 마을을 걷고 있으면, 모든 사람들은 그에게 웃음을 보였다. 사람은 다 그렇다고 생각하고 있었는데, 소년기가 되어 집안이 몰락하자 갑자기 모든 이들이 외면하고 등을 돌린다. 겉으로는 웃고 있지만, 속으로는 무슨 생각을 하는지 알 수 없다. 인간에게는 겉모습이 있으면 속마음도 있다. 아마 이런 인간관을 가지게 됐을 것이다. 셰익스피어는 이것을 소년기의 경험으로 알지 않았을까.

셰익스피어는 20대 중반부터 40대 후반까지 37편의 연극을 집필했다. 대개 이 시기에는 인생관과 인간관도 변하는데, 셰익스피어 역시 변했다. 하지만 변하지 않은 것도 있었다. 그는 비극과 희극, 역사극 등 여러 장르의 연극을 집필했는데, 이 모든 작품에 내재돼있는 인생관과 인간관은 "인간에게는 행복이 있으면 불행도 있다. 인간에게는 겉모습이 있으면 속마음도 있다"라는 것이다. 셰익스피어 연구학자들은 그 인간관의 테마를 '겉보기와 진실의 문제'라고 부른다. 그리고 또 하나 변하지 않은 것은 인간을 관계성에 중심을 두고 바라보려 했다는 점이다.

셰익스피어는 8남매의 셋째로 장남이었다. 누나 두 명은 일찍 죽었기 때문에 그가 동생들을 뒷바라지하며 키웠다. 대학에 가고 싶어도 아버지가 파산했기 때문에 갈 수 없었고, 18세가 되던 해 26세의 앤 해서웨이와 결혼한다. 결혼을 한 지 5개월 만에 장녀인 수잔나가 태어난다. 일 년이 조금 지나 쌍둥이 남매인 장남 햄네트와 차녀 주디스가 태어난다. 이때 셰익스피어의 나이는 겨우 20세. 20세에 세 자녀의 아버지가 됐고, 게다가 부인은 연상이었으니 집을 나가고 싶은 마음이 생긴 것도 무리는 아니리라.

결국 그는 혼자 런던으로 떠난다. 이때, '가족에게 내 자신을 너무 강하게 주장하면 가족관계는 무너진다. 인간이란 혼자 살아가는 것이 아니다. 가족이나 주변 사람들과 좋은 관계를 유지하며 살아가야 한다'라는 인생관을 지니게 됐을 것이다. 그렇다면 과연 그의 작품과는 어떤 관련이 있을까.

그리스 비극에서는 한명의 인간이 혼자 운명과 맞서 싸운다. 대표적인 예가 오이디푸스의 비극. 테베의 왕이 된 오이디푸스는 기근과 전염병에서 나라를 구하기 위해 아버지를 죽이고 어머니와 결혼한 자를 제거해야 한다는 신탁(神託)을 받는다. 오이디푸스는 그런 나쁜 녀석을 어떻게든 붙잡아 쫓아내려고 한다. 그러나 그것이 바로 자기 자신임을 알게 되자, 자신의 두 눈을 뽑아내고 방랑의 길을 떠난다는 내용의 비극이다. 오이디푸스가 아버지를 죽이고 어머니를 부인으로 맞이했다고 해도 그것은 극의 배경일 뿐이지 어디까지나 주제는 고뇌하는 주인공의 고립된 모습이다.

하지만 셰익스피어 연극의 등장인물들은 항상 인간관계 속에서 숨을 쉬고 있다. 햄릿과 오셀로, 리어 왕, 맥베스는 모두 아버지와 아들, 남편과 부인, 주인과 시종, 연인, 친구, 라이벌 등 인간관계에 얽혀 있다.

대학에 가지 않아서 얻은 이점 ― 독자적인 연극세계

당시 스트랫퍼드 정도 되는 읍장의 아들이라면 당연히 옥스퍼드나 케임브리지 대학에 입학했다. 셰익스피어도 아버지가 몰락하지만 않았더라면 대학에 진학했을 것이다. 만약 그가 대학에 갔더라면 당시에 지적 엘리트가 되는 것인데, 반대로 그가 대학에 가지 않았기 때문에 얻게 된 이점이 있었다.

그때는 르네상스시대였기 때문에 대학에 간 사람들은 고전학을 공부했다. 연극 면에서는 로마극을 모범으로 삼았으며, 세네카의 비극과 플라우투스와 테렌티우스의 희극의 영향을 받았다. 그리고 1550년대에 로마극을 모범으로 삼은 사람들이 영어로 연극을 쓰기 시작하는데, 그때부터 로마극의 영향을 받은 작가들이 나타나기 시작한다.

하지만 대학에서 로마극의 영향을 받았다는 것은 결국 로마극을 뛰어넘을 수는 없었다는 말이다. 비극에서는 세네카풍의 잔혹 복수 비극밖에 쓸 줄 몰랐고, 희극에서는 플라우투스와 테렌티우스 같이 전형화한 인물이 어떤 상황에 맞닥뜨리면서 벌어지는 희극밖에 쓸 줄 몰랐다.

그리고 20대 전반 습작 시절 셰익스피어가 처음으로 쓴 비극 〈타이터스 안드로니커스〉는 분명 세네카풍의 비극이다. 잔혹 복수극, 피투성이 등 지나치게 잔인한 것이 그렇다. 셰익스피어의 첫 희극 〈실수연발〉은 플라우투스의 희극인 〈쌍둥이 메나에크무스 형제〉의 번안이라고 해도 좋을 정도이다. 쌍둥이 형제가 뒤바뀌어 일어나는 희극인데, 셰익스피어는 시종도 역시 쌍둥이로 등장시킨다. 셰익스피어는 바로 여기서부터 시작했다. 그것은 그리스 로마의 고전으로 돌아가 인간주의를 모토로 삼은 르네상스시대 선배작가들에게 영향을 받으면서부터다.

간접적이긴 하지만 로마극의 영향을 받은 이 시기의 작품을 한마디로 표현하면, '액션(극 전체를 관철하는 커다란 움직임 즉, 줄거리와 비슷)에 의해 통일된 세계'이다. 〈타이터스 안드로니커스〉에는 타이터스가 참혹한 꼴을 당한 뒤, 복수를 다짐하면서부터 그것을 실행에 옮길 때까지의 액션이 하나로 쭉 이어져 있다. 〈실수연발〉에서는 부모와 쌍둥이 형제, 쌍둥이 시종형제가 바다에서 조난을 당한 뒤 뿔뿔이 흩어졌다가 결국 모두 재회한다. 역사극인 〈리처드 3세〉에서는 도입부에서 리처드가 스스로 악당임을 선언하고 이를 실행에 옮겨 왕위에 오르지만, 결국 파멸에 이른다.

이 모든 작품에는 굵직한 액션이 중심을 잡고 있으며, 모든 에피소드, 캐릭터, 대사가 그 중심을 지지하는 형태로 존재한다. 극작가가 된 지 4~5년이 지나고, 30세 무렵부터 셰익스피어는 낭만희극을 쓰기 시작한다. 비극으로는 〈로미오와 줄리엣〉, 희극으로는 〈한여름 밤의 꿈〉이 있다. 이 연극들은 유럽연극 사상 처음으로 만들어진 낭만적 비극이고, 또 희극이었다. 이때의 낭만주의에는 두 가지 특징이 있다. 하나는 사랑을 주제로 한 것이며, 다른 하나는 자유방임이다. 낭만주의의 반대말은 고전주의인데, 고전주의의 연극미학에는 균정미(均整美)라는 것이 있다. 그것을 깬 것이 바로 낭만주의이다.

그리스 로마의 비극은 오이디푸스같이 독립된 인간이 운명을 거스르다 결국 파멸하는 내용을 담고 있다. 희극은 인간의 어리석음을 웃음으로 표현한다. 그 속에서 연애는 재미를 더하기 위해 잠깐 나오기는 하지만, 연극의 중심은 되지 못했다. 〈로미오와 줄리엣〉은 사랑을 주제로 한 비극, 〈한여름 밤의 꿈〉은 사랑이 주제인 희극이라고 하겠다. 〈로미오와 줄리엣〉에서는 로미오가 결투에서 치명상을 입은 머큐시오에게 "상처는 깊지 않으니 어서 정신차려"라고 말하는 장면이 있다. 이때 머큐시오는 "내일, 나를 찾아오면 무덤덤하게 무덤(작가의 번역)에 잠들어있는 나와 만나게 될 거야.……"*라는 말장난을 하면서 죽어간다. 이건 고전주의에서는 있을 수 없는 표현이다. 〈한여름 밤의 꿈〉에서는 요정의 여왕과 당나귀 머리를 한 장인의 러브신이 등장한다. 사실, 이런 말도 안 되는 일은 현실에선 불가능하지만, 셰익스피어는 그런 자유분방한 사랑의 장면을 그려냈다.

셰익스피어에게는 논리에 맞지 않는 것이 인간의 진짜 모습이다. 그는 'Philosophy(철학=논리적인 것)'라는 말을 그의 모든 작품을 통틀어 14번 사용했는데, 모두 부정적인 의미로 쓰고 있다.

예를 들어, 〈로미오와 줄리엣〉을 보자. 줄리엣의 사촌을 죽여 베로나에서 추방당한 로미오는 자신을 위로하려고 논리로 설득하는 로렌스 신부에게 이렇게 말한다.

---

* 원문을 직역하면 "내일, 나를 찾아오면, 나는 a grave man(성실한 남자, 무덤에 묻힌 남자)이 되어 있을 거야."

"아직도 '추방' 얘깁니까? 철학 따윈 개나 줘버려요! 철학으로 줄리 엣을 만들 수 있나요, 마을 전체를 뒤집어엎을 수 있나요, 아니면 영주 님의 판결이 뒤바뀔 수 있게 하나요. 철학 따윈 아무 필요 없어요, 그 러니 더 말씀 말아 주세요."

그리고 햄릿은 아버지의 망령에게서 친동생이 자신의 목숨과 왕관 과 부인까지도 빼앗아갔다는 말을 듣는다. 그때까지 갖고 있던 인간관 이 모두 무너진 그는 친구 호레이쇼에게 이렇게 말한다.

"호레이쇼, 이 세상에는 우리들의 철학으로는 도저히 상상조차 할 수 없는 일이 많다네."

즉, 셰익스피어는 철학으로 만들 수 없는 줄리엣을 만들고, 철학으 로는 상상도 못할 불가사의한 인간의 존재를 그려냈다. 어떻게 셰익 스피어는 이러한 자기만의 독자적인 세계를 만들어낼 수 있었을까? 이는 대학에서 로마극과 철학을 공부하지않았기 때문에 얻을 수 있 었던 혜택이다.

당시의 대학에는 4개의 교과(철학, 법학, 의학, 신학)가 있었다. 대학 을 나오면 지적 엘리트가 되고, 앞서 든 과목을 배워서 될 수 있는 직 업 즉, 철학은 교수, 법학은 변호사, 의학은 의사, 신학은 성직자가 되 어 존경받을 수 있었다. 그렇기 때문에 대학을 나온 극작가들은 당연 히 서민보다 지적 수준이 높다는 의식을 갖고 있었다. 인간이 어떻게 살아가야 하는가를 연극을 통해 표현해 관객을 배움의 길로 인도하고자 하는 의식 말이다. 하지만 셰익스피어는 엘리트가 아니었기 때문에 관객과 같은 수준에서 생각하고, 기뻐하고, 또 슬퍼했다. 인생의 지혜 또한 넘쳤다. 이것 역시 대학을 나오지 않았기에 얻을 수 있었던 이점 중 하나일 것이다.

셰익스피어 말고도 재미있는 극작가는 얼마든지 있었다. 하지만 그들과 셰익스피어의 차이점은 바로 말의 재미였다. 사상과 철학의 깊이가 아니라 말이었다. 게다가 셰익스피어는 삼라만상, 동물, 식물에까지 호기심을 갖고 있었다. 달리 말하면 그는 인간을 향한 호기심이 그 누구보다 강했다.

역사 이야기를 배경으로 전환하다

다음으로 셰익스피어는 역사를 어떻게 파악하고 있었는지에 대해 말하겠다.

역사적 사실이란 연호 하나조차 틀려서는 안 된다. 하지만 당시에는 히스토리와 스토리가 같은 어원에서 온 말이니, 역사와 이야기의 의미에 큰 차이를 두지 않았다. 당시의 역사는 그냥 역사에 관한 이야기라고 해도 되겠다.

예를 들어 셰익스피어에게는 '장미전쟁물'이라고 불리는 역사극이 8편 있다. 시대별로 정리하면 〈리처드 2세〉, 2세를 쓰러트린 〈헨

리 4세(1, 2부)〉, 그리고 〈헨리 5세〉, 그의 아들 이야기인 〈헨리 6
세(1, 2, 3부)〉가 있으며, 헨리 6세를 쓰러트린 〈리처드 3세〉가 있
다. (도표 참조)

잉글랜드 그레이트브리튼 왕국의 왕실 간략 계보 (셰익스피어 작품 관련)

헨리 2세	1154~89 (플랜태저넷 왕가)
제러드 1세 사자 왕	1189~99
존 왕	1199~1216
에드워드 3세	1327~77 1337 프랑스와 백년전쟁 시작 (~1453)
리처드 2세	1377~99
헨리 4세	1399~1413 (랭커스터 왕가)
헨리 5세	1413~22 1415 아쟁쿠르전투
헨리 6세	1422~61 1455 장미전쟁 시작 (~85)
에드워드 4세	1461~83 (요크 왕가)
리처드 3세	1483~85
헨리 7세	485~1509 (튜더 왕가)
헨리 8세	1509~47 1534 수장령, 영국 국교회가 로마교회에서 분리
에드워드 6세	1547~53
메리 1세	1553~58
엘리자베스 1세	1558~1603 1564 셰익스피어 탄생 (~1616)
제임스 1세	1603~25

* 고딕체는 작품화된 왕의 이름, 숫자는 재위(在位) 연수.

이것은 일종의 야담책으로 봐도 될 것이다. 셰익스피어는 호리센드의 〈연대기〉 등을 참고해서 글을 썼는데, 이는 그가 그려낸 인물상이 객관적이었기 때문이다.

사실 〈연대기〉 외에도 참고로 한 책이 있었다. 그 중에 하나가 토머스 모어 경이 쓴 리처드 3세의 전기인데, 거기에는 리처드 3세를 폭군으로 표현하고 있다. 이것은 〈주신구라〉(忠臣藏, 47인의 사무라이를 소재로 한 일본 문학작품—옮긴이)에 나오는 기라 고즈케노스케와 마찬가지이다. 극에서는 나쁜 사람일지라도, 주군으로서는 성군으로 일컬어진다. 리처드 3세 역시 나쁜 면도 있었지만 좋은 면도 갖고 있었을 것이다. 참고가 된 책을 쓴 토머스 모어는 젊은 시절 리처드 3세와 적대관계에 있던 존 모턴을 모신 적이 있었다. 극 중에서 일리 지역의 사제로 등장하는 사람이다. 그런 모어가 리처드 3세의 전기를 썼으니 당연히 나쁜 사람으로 표현했다. 그리고 셰익스피어는 그를 한층 더 나쁘게 그렸다.

헨리 5세는 영국인들에게 가장 인기가 많은 왕이다. 그는 프랑스와의 백년전쟁*을 통해 영국의 영웅이 됐다. 프랑스의 영웅은 잔 다르크이다. 일본인이 가진 오다 노부나가, 도요토미 히데요시, 도쿠가와 이에야스의 이미지는 역사적 사실에 근거하기보다는 책과 TV 드라마를 통해 만들어졌다. 이와 마찬가지로 영국인에게도 헨리 5세

---

* 백년전쟁 1337~1453. 프랑스의 왕인 샤를 4세의 죽음 후에, 영국의 왕인 에드워드 3세가 프랑스의 왕위 계승권을 주장하면서 프랑스에 침입하여 발생했다.

는 영웅이자 천하의 성군이라는 이미지가 정착되어 있다. 그러나 그 것만이 인기의 이유는 아니다.

그에게는 '할 전설'이라는 황태자 시절의 이야기가 있었다.(할은 헨리의 약칭) 그는 서민의 술집에서 정신없이 술을 마시기도 하고, 노상 강도와 어울리다가 감옥에 잡혀 들어간 적도 있었다고 한다. 그렇게 말썽꾸러기 아들이었는데도 왕위에 오르자마자 성군이 된다. 그런 격차가 헨리 5세의 캐릭터를 더욱 매력적으로 만들었다.

헨리 5세를 영웅으로 만든 것은 프랑스와 치른 아쟁쿠르 전투(1415)이다. 그는 4~5배나 많은 적을 완벽하게 무찔렀다. 〈헨리 5세〉의 연극에는 이런 장면이 나온다. 영국군은 계속된 전쟁으로 지쳐있었고, 무기마저 다 낡았다. 그런데다가 겨우 5천 명의 병력으로 프랑스의 새로운 6만 명의 군사와 싸워야 하니 도저히 승산이 없었다. 결전 전날 밤, 헨리 5세는 군사로 변장하고 진지를 둘러본다. 그때 농부 출신의 병사들이 내일 싸움에는 승산이 없으니 아침이 오지 않았으면 좋겠다고 하는 말을 듣는다. 그들은 마침 그곳을 지나가던 헨리 5세를 불러 세워, 너희 상관은 전황을 어떻게 보고 있느냐고 물어본다. 그때 헨리 5세는 다음과 같이 이야기한다.

왕   얕은 물에서 난파당한 배의 승무원처럼, 다음날 아침에는 떠 내려갈 것이라 하시오.

베이츠   그 생각을 왕께 말씀드리면 안 되겠소?

왕   글쎄, 말씀드릴 만한 사항이 아니라고 생각하오. 나 같은 놈이 말하는 것도 웃기지만, 왕께서도 어차피 우리와 같은 인간일 뿐이오. 왕께서도 우리와 마찬가지로 제비꽃의 향기를 맡으실 터이고, 우리와 마찬가지로 넓은 하늘을 바라보기도 할 것이오. 오관(伍官 : 눈, 코, 귀, 혀, 피부)의 움직임 역시 인간의 조건을 따르실 터이고, 국왕이라는 꼬리표가 붙은 장식을 털어내고 알몸이 되면 그저 하나의 인간에 지나지 않을 것이오……

왕에게 좋은 향기가 서민에게 다르게 날 리가 없다. 누구에게나 평등한 향기가 난다. 즉, 왕이라고 해도 보통 사람들과 다를 바 없다. 그렇기 때문에 승산이 없다는 소리를 들으면 두려워할 것이다. 왕을 두렵게 만들면 군의 사기가 떨어지기 때문에 왕에게 말을 해서는 안 된다는 것이다.

이 에피소드를 보면, 헨리 5세는 그저 무장으로서 병사들을 부추겨 싸운 것이 아니라 인간미를 갖고 싸웠다는 걸 알 수 있다. 이런 식으로 셰익스피어는 역사와 인물을 셰익스피어화 했다. 또 다른 예로 〈맥베스〉가 있다. 〈맥베스〉 역시 '연대기'를 참고로 했다. 그에 따르면, 맥베스는 11세기 스코틀랜드에 실제로 있었던 왕이다. 원래 그는 왕위를 계승해야 했으나, 그의 사촌인 덩컨이 왕위를 가로챘다고 한다. 맥베스는 이에 원한을 품게 되고, 뱅코라는 친구와 함께 덩컨을 살해한다. 그러나 그가 왕위에 오른 뒤, 뱅코 역시 왕위에 대한 야심을 품고 있다는 사실을 알고선 그 역시 살해한다. 그리고 십 년 동안 성군으로 통치했다. 하지만 셰익스피어는 뱅코를 의로운 사람으로 만들면서, 그를 죽인 맥베스는 악인으로 만들었다. 맥베스는 뱅코 장군과 함께 스코틀랜드의 반란군을 제압하고 돌아오던 도중에, 세 명의 마녀를 만난다. 첫째 마녀는, "만세, 맥베스, 글램즈의 영주시여"라고 말하고, 둘째 마녀는, "만세, 맥베스, 코더의 영주시여"라고 말한다. 그리고 마지막 셋째 마녀는, "만세, 맥베스, 앞날의 왕이시여"라고 말한다.

마녀는 뱅코에게 "당신은 국왕이 될 수 없지만, 당신의 자손은 국왕이 될 것이다"라는 예언을 한다. 맥베스는 자신이 글램즈의 영주인 것은 분명하나, 코더의 영주는 아직 살아있기 때문에 의아해한다. 하지만 마녀가 사라진 뒤, 코더의 영주는 모반에 가담했다는 이유로 죽음을 맞는다. 그리고 찾아온 덩컨의 사자는 "맥베스가 코더의 영주로 임명됐다"는 말을 전한다. 그렇다면 자신이 미래에 왕이 될 수 있을지도 모른다고 생각한 맥베스는 국왕의 자리를 향한 야심을 불태운다. 결국 그는 덩컨을 죽이고 국왕이 된다.

그렇게 왕좌를 차지했을 때, 맥베스는 "당신은 국왕이 될 수 없지만, 당신의 자손은 국왕이 될 것이다"라고 말한 뱅코에 대한 예언을 떠올린다. 그는 이 예언대로 왕좌를 그의 자식에게 뺏기지 않기 위해 자객을 보내 뱅코와 그의 아들 플리언스를 죽이려고 한다. 뱅코는 그때 살해당하지만, 플리언스는 달아난다. 결국 덩컨의 아들이 잉글랜드의 병사를 이끌고 공격해오는데, 그가 맥베스를 쓰러뜨리고 왕위를 차지한다. 셰익스피어의 연극은 이렇게 끝이 난다.

그렇다면 마녀가 뱅코에게 한 예언은 빗나갔는가? 사실, 연극에 등장하는 예언은 모두 들어맞게 돼 있다. 작가는 모두 알고 글을 쓰기 때문이다. 실제로 뱅코의 아들은 아일랜드로 도망가서 그곳의 공주와 결혼한다. 그리고 그 자손이 스코틀랜드로 돌아와 대대로 왕이 되면서 마녀의 예언은 실현된다. 그리고 제임스 6세가 왕으로 있던 1603년에 잉글랜드의 엘리자베스 여왕(1세)이 죽는다. 그래서 제임스 6세는 잉글랜드로 가게 되는데, 잉글랜드에서는 처음으로 제임스라는 이름의 국왕이 등장했으므로 그는 제임스 1세가 된다.

당시의 연극 활동은 귀족 이상의 후원자 없이는 할 수가 없었다. 셰익스피어가 있던 극단은 1594년에 재편성됐고, 그도 7명의 주주 중 한명이었다. 그때까지는 궁내대신이 후원자로 있었기 때문에 Lord Chamberlain's Men, 즉 궁내대신극단이라고 불렸으나, 1603년부터 국왕인 제임스 1세가 후원자가 되면서 King's Men, 즉 국왕극단이라는 이름을 갖게 된다.

〈맥베스〉는 1606년에 쓴 것으로 추정되는데, 셰익스피어는 국왕이자 후원자인 제임스 1세의 선조가 뱅코이기 때문에 그의 나쁜 점은 표현하지 못했다. 대신에 뱅코를 의로운 사람으로 만들고, 그를 죽인 맥베스는 악인으로 만들었다. 또한 그 악당에게 살해당한 덩컨역시 의로운 왕으로 나타낸 것이다. 이렇게 그는 〈연대기〉와는 반대로 인물을 표현했다.

셰익스피어의 역사관 — 위대한 메커니즘의 하나

그렇게 그가 역사를 바꿔 쓴 것은 사실이다. 그렇다면 셰익스피어는 역사를 어떻게 바라보고 있었을까. 아마도 그는 역사관을 하나의 사상으로 갖고 있지는 않았을 것이다. 하지만 내가 셰익스피어의 연극을 보고 느낀 점이 있다. 바로 객관적으로 옳은 역사가 존재하는 것이 아니라, 역사는 사람과 사람 사이에 선과 악이 서로 얽혀 움직인다는 사실이다.

예를 들면, 리처드 2세는 실의에 빠진 나머지 비극적인 죽음을 맞이한다. 헨리 4세는 왕위 찬탈자라는 자각을 갖고 있지만, 양심의 가책을 느끼지 않는 것처럼 행동한다. 헨리 5세는 성군이 된다. 헨리 6세는 무능한 왕이었으며, 폭군인 리처드 3세에 의해 살해당한다. 이처럼 각각의 왕은 저마다 개성을 갖고 있다. 폴란드의 얀 코트라는 비평가가 적절하게 표현한 것처럼, 그들을 한데 묶어서 바라보면 역사는 '위대한 기계장치Grand Mechanism'라는 것을 알 수 있다. 즉, 성군이든 폭군이든 어차피 역사라는 톱니바퀴의 일부분에 지나지 않는다. 헨리 5세는 프랑스를 무찌르고 프랑스의 왕녀와 결혼하여 행복하게 끝을 맺지만, 다음으로 왕이 된 헨리 6세는 금방 무능함이 드러난다. 역사의 흐름 속에서 보면 한명의 인간, 한 명의 왕은 아무것도 아니다. 순간적으로는 여러 일이 벌어져도 한 개인과는 아무런 상관도 없으며, 역사 속에서 하나의 기계처럼 움직인다. 이것은 분명한 사실이다.

셰익스피어가 이것을 얼마나 의식하고 있었는지는 모르겠지만, 그는 역사극이라고 해도 재미있고 이치에 맞는 연극을 쓰려고 했다. 그럴 때 역사에 관한 이야기들 속에서 인물을 찾아내 셰익스피어다운 인간으로 만들었다. 그것은 희로애락을 가진 인간이 이런 시대에 어떻게 살았는지를 셰익스피어 나름대로 살을 붙여 표현해낸 것이다. '장미전쟁물'에서도 주인공을 설정할 때, 악인일 경우에는 악한의 매력을 증폭시켜 나타내고 있다. 연극적 요소를 중요하게 여긴 것이다. 실제로는 어떤 상황에서 자연과 상식의 범위 안에서 움직였을지도 모른다. 하지만 그래서는 재미가 없다. 그래서 그 범위를 넘어서거나, 상황을 꼬아놓거나, 정반대의 모습으로 그려내면서 살을 붙여 극적 효과가 높아지게 만든다.

왕은 권력을 갖고 휘두르지만, 셰익스피어는 왕 역시 톱니바퀴 중 하나일 뿐이라고 여겼다. 그렇다면 다른 한쪽인 일반 민중은 어떨까. 여기에는 두 가지의 견해가 있다. 지배자 입장에서 보면 민중은 변덕쟁이다. 바람에 흩날리는 깃털처럼 시대의 권력자에게 들러붙는 변덕쟁이다. 하지만 민중의 입장에서 지배자를 봤을 때는 다르다. 민중은 지배자가 공정한 정치를 하고 있으면 그에 조용히 따른다. 그러나 지배자가 극단으로 치우칠 경우엔 그 균형을 다시 맞추려고 한다. 극단적으로 폭군이 등장하면 이래서는 안 된다고 비판한다. 예를 들면, 〈리처드 2세〉에 정원사가 정치에 대한 이야기를 하는 부분이 나온다. 리처드 2세는 정치능력도 없으면서 간신배 때문에 국가의 재산을 전부 써버린다. 그러다 결국 볼링브룩(뒤의 헨리 4세)에게 왕위를 빼앗긴다. 그런 정치 상황을 서민은 어떻게 보고 있었을까.

정원사 스승은 제자에게 나무란 쓸모없는 가지를 잘라야 성장을 촉진시킬 수 있다면서 다음과 같이 말한다.

"우리와 같은 민주국가에서 자기들이 잘난 줄 알고 날뛰는, 지나치게 자라버린 그런 자잘한 가지들의 머리를 싹둑 잘라버려야 하느니라. 우리들의 정치란 모두가 평등해야 하기 때문이다."

그리고 리처드 2세가 볼링브룩에게 잡힌 것에 대해, 왕도 이렇게 되기 전에 무능하고 쓸모없는 가신들은 미리 그 싹을 잘라버렸어야 한다고 말한다.

"제대로 나라의 손질을 해두셨어야 하느니라. 우리들이 이 정원을 손질하는 것처럼! ……"

"……우리들은 쓸모없는 가지를 잘라버릴 것이다, 그것은 과실을 맺을 가지를 살리기 위함이니라. 그 분도 그렇게 하셨더라면 아직 왕관을 유지하고 계셨을 테지. 그 분이 왕관을 잃은 것은 손질을 게을리 하셨기 때문이다."

서민의 입장에서 보면 지배자의 나쁜 면, 도가 지나친 면을 알 수 있다. 민중에게도 부화뇌동하는 면이 없지 않지만, 지배자를 멀리서 지켜보면서 비판할 것은 비판한다. 셰익스피어는 그런 양면성을 그렸다. 셰익스피어의 역사관은 그 두 가지를 기본으로 하고 움직인다. 한명의 영웅이 나타나 결국 승리하고 역사를 움직였다고 해도, 단지 그것은 한순간의 일일 뿐이다.

셰익스피어도 이상주의자를 그려낸 적은 있다. 비극으로 끝나지만, 이상주의자의 부족한 면 역시 그려냈다.

〈율리우스 카이사르〉를 보면, 카시우스는 카이사르를 쓰러트릴 뿐만 아니라 안토니우스 역시 죽이려고 한다. 이상주의자인 브루투스 입장에서 보면, 그건 너무나 잔혹한 일이었다. 그렇기 때문에 브루투스는 "안토니우스 따위는 겨우 카이사르의 수족에 불과하다"면서 그를 죽이지 않았다. 결국, 브루투스는 안토니우스에 의해 무너지고, 그의 이상주의는 실패하고 만다.

고전주의에서 낭만주의, 그리고 근대 리얼리즘이라는 예술상의 구분에서 셰익스피어의 위치를 정해보자. 우선 그에게는 낭만주의가 기본으로 깔려 있었다. 이상주의는 인간의 좋은 부분만 보지만, 인간은 그것만 갖고 있지 않다. 나쁜 부분도 갖고 있다. 이렇게 보는 것이 리얼리즘이다. 그리고 셰익스피어의 리얼리즘은 인간의 양면성을 비판하는 것이 아니라, 리얼리즘+유머를 갖고 바라보고 있다. 그렇기 때문에 인간이란 사랑스러운 존재라고 느끼게 만든다. 이런 셰익스피어의 연극은 시대를 넘어 전 세계에서 상연되고 있다.

다음으로, 세계의 위대한 문학가와 사상가들은 셰익스피어를 어떻게 바라봤는지를 소개하고, 그 매력에 대해 생각해보자.

Chapter 03
괴테, 톨스토이, 마르크스가 읽은 셰익스피어

괴테 ― 무대는 그의 위대한 정신을 보여주기에는
너무나 좁다

먼저 괴테다. 괴테의 예술론은 에커만이 지은 〈괴테와의 대화〉
에 나와 있다. 거기에서 괴테가 셰익스피어에 대해 이야기한 부
분을 조금 소개하겠다.

"그는 인간생활의 모티브란 모티브를 하나도 남김없이 그려냈고,
또 모두 표현해냈다. 게다가 그 모든 것이 선명함과 자유로움으로 넘
쳐난다."

"무대는 그의 위대한 정신을 보여주기에는 너무나도 좁다. 그뿐인
가, 이 눈에 보이는 모든 세상마저 그에게는 너무나도 좁았다."

괴테의 이런 견해, '선명하고 자유로움으로 넘쳐난다'는 것이 중요하다. 셰익스피어는 모든 것을 써냈고, 인간 세상에 존재하는 모든 감정을 표현해냈다.

그가 정말 대단한 부분은 인간 세상의 모든 사건, 특히 감정적 부분인 사랑, 증오, 질투 등의 희로애락 전부를 써냈다는 사실이다. 사랑만 해도 연인 간의 사랑뿐 아니라, 부부, 부모자식, 형제, 사제, 친구의 사랑을 모두 그려냈다. 그것이 만약 교과서처럼 규정화해 써내려간 것이었다면, 누구나 그 정도는 쓸 수 있다고 반발할 수도 있다. 하지만 셰익스피어의 글은 정말 '선명함과 자유로움으로 넘쳐나고' 있다. 거기에는 정말 당할 재간이 없다. 괴테 본인에게도 상당히 경쾌하고 자유로운 면이 있었는데, 그런 그도 역시 셰익스피어의 그런 면을 깨닫고 있었다.

다음으로 '무대는 그의 위대한 정신을 보여주기에는 너무나 좁다'에 대해 말하겠다. 이것은 고전주의 연극과 비교한 것이다. 예를 들어 라신의 비극과 몰리에르의 희극처럼 무대에 정해진 시간과 공간이 있고, 거기에 모든 것이 담겨있는 것이 고전주의이다. 셰익스피어의 경우에는 거기에 모든 것을 담지 못하고 삐져나와 있다. 고전주의 연극의 미학에는 '삼일치의 법칙=시간·장소·줄거리의 일치'라는 것이 있다. 하루 동안의 사건, 일정한 장소, 단일한 줄거리. 이는 관객이 이해하기 쉽게 만든다. 하지만 셰익스피어 연극에서는 10년쯤은 쉽게 흐르고, 시간 또한 2중, 3중으로 흐른다. 〈햄릿〉은 일반적인 시간의 흐름으로 따지면, 몇 개월에 걸친 이야기이다. 처음 아버지의 망령과 만날 때는 겨울이다. 오필리아가 죽었을 때는 꽃이 피어 있고 그것을 따는데, 그 꽃은 초여름에 핀다. 하지만 무덤을 파는 인부가 하는 대사를 들으면 햄릿은 30세가 됐다. 등장했을 때는 비텐베르크의 대학생이었으니 19세, 아니면 20세였을 텐데, 마지막에는 30세로 나타난다. 그런데 다른 등장인물들은 나이를 먹지 않았다. 햄릿만 나이를 먹었다. 즉, 한 작품에 두 개의 시간이 흐르고 있는 것이다. 원래대로라면 몇 개월의 시간이었을 텐데, 햄릿의 정신적 연령은 대학생에서 30세의 남자로 성장해 있다. 내 방식대로 말하면, to be or not to be라고 말하면서 고민하는 건 청년이다. 30세의 남자가 to be or not to be라고 말하는 것은 이상하다. 그럼 30세가 된 그는 뭐라고 말했을까?

"와야 할 것이 지금 오면 나중에는 오지 않는다. 나중에 오지 않는다면 지금 오겠지. 지금은 아니라도 반드시 올 것은 언젠가 온다."

즉, 죽음이라는 것은 와야 할 때 반드시 온다. 그때를 위해서라도 마음의 준비가 필요하다. 즉, '무엇보다도 각오가 중요'하다. 이것은 청년이 아니라 30세 남자의 마음이다. 햄릿은 극이 시작되고서 10년 동안 성장을 했다. 이것은 고전주의에서는 있을 수 없다. 극 속에서 이렇게 시간이 흐르는 것을 '더블타임'이라고 하는데, 이는 자주 발생한다. 장소를 봐도 〈안토니(안토니우스)와 클레오파트라〉에는 42곳이 등장하며, 로마와 이집트를 오간다.

구성 역시 〈베니스의 상인〉에서 간단히 말하면, 베니스의 상인인 안토니오와 유대인 고리대금업자인 샤일록 사이에 우선 경제사상 면에서 이익을 남기는 것이 좋은지 나쁜지 하는, 이른바 중세경제와 근대경제의 대립이 나타난다. 당연히 인종문제나 종교문제는 주로 샤일록 쪽에서 제시하고 있다.

그러나 그 문제는 1막과 4막의 중심 줄거리이다. 2막, 3막은 포샤의 상자 고르기, 그리고 결국 바사니오의 사랑이 이뤄지는 내용이 주를 이룬다. 여기에는 옛날이야기식의 상자 고르기와 근대적인 사랑, 즉 자기의 의지로 상대를 고르는 내용이 등장한다. 포샤는 아버지의 유언에 얽매여 있다. 하지만 본인은 바사니오와 함께하고 싶어 한다. 그리고 이 내용은 안토니오와 샤일록의 대립과는 관계가 없는 곳에서 전개된다. 한편, 샤일록의 딸인 제시카는 안토니오의 친구 로렌조와 사랑의 도피를 한다. 사랑의 도피는 중세풍의 연애이다. 셰익스피어의 작품에는 중세풍의 연애와 근대풍의 연애, 두 가지 방식이 나타난다.

2막, 3막에는 이 두 가지가 얽혀 있다. 그리고 5막에서는 반지가 이랬네, 저랬네 하는 내용과 사이좋은 친구가 티격태격하는 내용밖에 없다.(나는 이것을 '지적 게임'이라고 부른다)

즉, 줄거리에 일관성이 없다. 그리고 대부분의 작품이 이렇다. 유일하게 일관성을 지키는 것은 〈템페스트〉이다. 하루 동안 무인도에서 벌어지는 이야기로, 옛날에 적대관계에 있던 공작과 그가 쫓아냈던 무리가 화해를 하는 이야기다. 과거와 현재, 12년 전의 문제가 이

제 와서 해결된다는 형식이지만, 일단 삼일치가 되어있긴 하다. 이래서 무대는 그에게 너무나도 좁았다. 고전주의적 연극을 보는 자에게는 삼일치의 법칙을 지키는 것이 연극의 세계라고 한다면, 셰익스피어는 전부 거기서 벗어났다. 게다가 괴테의 말에 따르면 이 모든 세상마저 그에게는 너무나 좁았다고 한다. 이것은 무슨 의미일까.

이는 아마 상상과 꿈까지도 그려냈기 때문인 듯하다. 즉, 요정이나 망령을 등장시키는 데 그치지 않고, 현실세계가 아닌 인간의 마음속 세계는 훨씬 더 넓으며, 눈으로 확인할 수 없는 세계가 있음을 표현해낸 것이다. 그에 딱 들어맞는 대사가 〈안토니와 클레오파트라〉의 처음 부분에 나온다.

클레오파트라   그것이 사랑이라면, 어느 정도의 크기인지 알고 싶어요.

안토니   어느 정도라고 말할 수 있는 사랑은 한낱 비천한 사랑에 불과하오.

클레오파트라   그렇지만 당신 사랑의 세계를 그 끝까지 전부 확인하고 싶어요.

안토니   그것을 확인한다면 당신은 새로운 세상을 보게 되는 것이오.

이 지구상에서는 헤아릴 수 없는 사랑의 세계를 그려내려 했다. 마지막에 클레오파트라는 죽을 때, "나는 꿈을 꾸었지, 안토니라는 황제의 꿈을"이라는 대사를 한다. 그 꿈은 이 지구를 넘어선 커다란 것이었다. 괴테가 "이 눈에 보이는 모든 세상마저 그에게는 너무나도 좁다"고 한 것은, 셰익스피어가 눈에 보이지 않는 마음속 세계까지 연극에 펼쳐보였기 때문이다.

괴테는 역시 그런 면을 제대로 보고 이야기했다.

그리고 "셰익스피어는 위대한 심리학자이며, 그의 작품을 읽고, 인간 마음의 움직임을 배울 수 있었다"는 말도 했는데, 나는 심리학자라는 말을 사용하고 싶지는 않다. 내 방식대로 말하면, '마음을 안다'는 것은 '마음 학자'라는 것이다. 심리학이라고 하면 전부 계산을 하고 알게 된 것 같은데, 사실 마음이란 훨씬 더 모호하고도 알기 어려운 것이다. 그러나 셰익스피어는 그런 생각이 들게 할 만큼 인간의 마음을 이해하고 표현한 사람이었다. 괴테는 또한 다음과 같은 말도 했다.

"셰익스피어의 인물들도 어떤 의미에서는 셰익스피어 영혼의 분신이다. 이것은 옳고, 또 그래야만 한다. 나아가 그는 더욱 붓을 놀려, 로마인을 영국인에 대입해 표현했다. 이것 역시 옳았다. 왜냐하면 그렇게 하지 않았다면 국민은 그를 이해하지 못했을 것이다."

〈율리우스 카이사르〉, 〈안토니와 클레오파트라〉, 〈코리올레이너스〉 등의 로마 역사극을 보면 이 말의 뜻을 알 수 있다. 원래 율리우스 카이사르는 로마인이지만, 극 속에서 그는 영국인처럼 생각하고 있다. 그렇기에 영국인들도 이해할 수 있는 세계가 된다. 연극의 소재를 극본으로 표현할 때는 번역과 번안의 차이가 있다. 셰익스피어의 극본에는 항상 참고 서적이 있었는데, 로마 역사극에는 플루타르코스의 〈영웅전〉을 참고로 했다. 그것 역시 영어로 번역된 것이었다. 셰익스피어는 그것을 연극으로 만들 때 영국인의 입장에서 번안했다.

그것을 괴테도 당연하다고 말했으며, 나 역시 그렇게 생각한다. 연극은 눈앞의 관객을 즐겁게 해주는 것이다. 만약 율리우스 카이사르가 영어를 하는 것이 이상하다고 해버리면 할 말이 없다. 내가 지금 일본에서 셰익스피어를 번역할 때, 지금 이 시대를 살아가는 일본인들이 연기하고, 감상하기 쉽게 하는 것은 당연한 일이다. 게다가 원문에는 일본어로 표현하기 힘든 말도 있기 때문이다.

"셰익스피어를 연구하면 그가 인간의 본성 전체를 모든 면에서, 그리고 모든 깊이와 모든 높이에서 철저히 연구했다는 사실을 알 수 있다. 결국, 그 이후에 등장한 사람들은 자신들이 할 수 있는 것은 이제 아무것도 남아있지 않다는 사실을 깨닫게 된다."

왜 괴테의 이 말을 인용했을까. 나 역시 그렇게 생각해 극작가가 되기를 포기하고, '셰익스피어의 세일즈맨'이 되기로 했기 때문이다.

하지만 괴테의 말대로 더 이상 쓸 것이 남아있지 않다면, 극작가, 소설가, 시인은 사라져야 하는가? 사실 그렇지는 않고, 아직도 많이 존재한다. 그러므로 괴테의 말 뒤에 얼마든지 번안을 하거나, 자극을 받아 새로운 것을 쓰려고만 하면 무한대의 가능성이 있다는 말을 덧붙이고 싶다. 그렇지만 셰익스피어는 그렇게 느끼게 만든다. 괴테가 받은 느낌은 지금의 나와 역시 비슷하리라 생각한다.

실제로 셰익스피어만큼 번안이 많이 되는 작가도 드물다. 예를 들면, 〈로미오와 줄리엣〉은 30년 뒤에 존 포드의 〈가엾도다, 그녀는 창녀〉로 번안됐으며, 20세기에는 〈웨스트사이드 스토리〉라는 걸작 뮤지컬이 됐다.

셰익스피어 본인은 다른 책을 참고해서 극본을 썼는데, 괴테의 〈젊은 베르테르의 슬픔〉은 괴테가 쓴 〈햄릿〉이라고 해도 좋을 정도다. 체호프의 〈갈매기〉 역시 마찬가지다. 즉, 내용면에서 자기만의 〈햄릿〉을 쓰고자 하니 그런 작품이 된 것이다. 번안이라기보다는 자극을 받아서 새로 썼다고 하는 편이 맞겠다.

참고로, 괴테가 셰익스피어의 연극에서 가장 높이 평가한 작품은 〈맥베스〉이다. 그 중에서도 '대담한 특색이 있는 예술적 허구'라고 표현한 부분이, 바로 맥베스와 맥베스 부인의 대사이다. 맥더프에게는 부인과 자식이 있었는데, 맥베스가 보낸 살인 청부업자에 의해 살해당한다. 그 보고를 받았을 때 맥더프는 이렇게 말한다.

"그 자에게는 자식이 없다."

즉, 자식이 얼마나 귀여운지 모르기 때문에 어린아이까지 죽였다고 한다. '그 자'란 맥베스를 말한다. 그런데 그와 모순되게 맥베스의 부인은 예전에 이런 말을 한 적이 있다.

"……저는 갓난아기를 길러본 적이 있습니다. 내 젖을 빠는 아기가 얼마나 귀여운지 알고 있습니다. 그렇지만 저는 방긋 웃는 아기의 부드러운 잇몸에서 내 젖꼭지를 억지로 떼어내고, 그 머리통을 던져 부셔버릴 수도 있습니다. 조금 전의 당신처럼 한 번 하기로 맹세했다면 말이죠"

남편이 덩컨을 죽이기로 해놓고는 고민하는 모습을 보고 부인이 한 대사이다.

그 뒤에 맥베스가 부인에게 "아들을 낳아라"고 했기 때문에, 이 대사는 모순이 된다는 지적이 있다. 사람들은 그녀가 재혼을 했으며, 전 남편과의 사이에 아이가 있었다는 추리를 하기도 한다. 그러면서 맥베스에게 몇 명의 자식이 있었는지를 놓고 논의하기도 한다. 편협한 리얼리즘으로 생각하면, 그런 점까지 따지게 된다. 하지만 연극을 보고 있을 때 관객은 그런 것까지 생각하지 않는다. 그 장면 장면에서 맥베스의 부인은 남편의 등을 떠밀기 위해 이런 격한 말을 하고 있다. 맥더프의 경우에는 자기 아이가 잔혹하게 살해당한 것을 슬퍼했기 때문에 그런 말을 한다. 그런 것을 일일이 따지면서 모순이라고 지적하는 관객은 아마 없을 것이다. 그렇기 때문에, 괴테도 이런 말을 한다.

"단순히 말을 아름답게 표현하기 위해서다. 셰익스피어가 노린 것은 오로지 각각의 장면에 딱 어울리는 효과적인 명문구를 자신의 등장인물들로 하여금 말하게 하는 것이다. 그 문구가 다른 장면에서 나올 때 모순이 되지 않는가 하는 것은 그다지 중요하게 여기지 않았으며, 계산조차 하지 않았을 것이다."

"오히려 그는 극을 쓰면서도 무대를 눈에 그리고 있었다. 자신의 작품을 움직이는 것, 살아있는 것으로 봤으며, 그것은 무대 위에서 객석의 눈과 귀를 재빨리 스쳐지나가기 때문에 잡아둘 수도, 흠 잡을 수도 없다. 중요한 것은 언제나 그 순간에 효과와 의미만 가지면 된다는 점이다."

나는 괴테의 말에 동감한다.

톨스토이 — 지나치게 부자연스럽다

이에 대해 톨스토이는 19세기 '리얼리즘'의 입장에서 이상하다고 이의를 제기했다. 〈셰익스피어 및 희곡에 대해〉에서는 〈리어왕〉을 예로 들며 '부자연스럽다'고 맹렬히 비난하고 있다.

"등장인물은 겉으론 주위 세계와 모순되는 입장에 놓여있으며, 또한 그에 맞서고 있다. 그러나 그러한 투쟁은 사건의 자연적인 진행 속에서 생겨난 것도 아니고, 인물의 성격 때문에 생겨난 것도 아니다. 전부 작가가 임의로 설정해놓았다. 등장인물이 모두 임의로 놓여있는 이러한 상황은 너무나도 부자연스럽다. 그렇기 때문에 독자와 관객들은 그런 인물들의 괴로움에 동정을 할 수 없을 뿐 아니라, 읽고 있는 것, 보고 있는 것에 흥미를 가질 수도 없다. 이것이 첫째이다.

둘째는 이 비극도 그렇고 셰익스피어의 다른 비극 역시 모든 인물이 시간과 장소에 전혀 맞지 않는 삶을 살고, 생각하고, 말을 하고, 또 움직이고 있다. 〈리어왕〉이 다스리던 시기는 기원전 800년의 일이다. 그럼에도 불구하고 그 속에 등장하는 인물들은 중세라야 가능했던 상황에 놓여있다. 즉, 왕, 백작, 군대, 사생아, 무사, 조정의 신하, 의사, 백성, 병사, 차양이 있는 투구를 쓴 기사 등이 등장하고 있다. 셰익스피어의 그 어떤 희극을 읽어봐도, 그에게는 성격을 묘사하기 위한 유일한, 적어도 중요한 수단인 '말'에 대한 능력이 부족하다는 점을 금세 알 수 있다. 바꿔 말하면, 인물 한명 한명은 자신의 성격에 맞는 말투로 이야기를 하고 있지 않다. 셰익스피어에게는 바로 그 점이 부족했다. 셰익스피어의 작품 속 인물은 모두 자기만의 말투를 사용하지 않으며, 언제나 같은 셰익스피어 식의 수식만 잔뜩 들어간 부자연스러운 말투를 사용한다. 그것은 거기에 나타나는 인물이 할 수 있는 말이 아니며, 언제 어디를 가도 살아 있는 인간이라면 아무도 사용하지 않을 말이다."

이에 대해 한마디 하자면, 톨스토이의 비판은 그림의 떡을 보고 '이건 먹을 수 없네'라고 불평을 늘어놓는 것과 같다. 연극은 역사 교과서가 아니다. 그러므로 작가가 '임의'로 인물을 배치시키는 것은 당연하다. 고대 브리튼에 왕과 귀족이 나와 근대영어(톨스토이가 본 연극은 러시아어?)로 말을 하는 것이 이상하다고 말하는 쪽이 더 이상하지 않을까. 또한, 셰익스피어는 시극詩劇을 썼다. 각운이 없는 무운시無韻詩를 중심으로 무운시와 산문을 적절히 나눠 사용했다. '언제, 어디를 가도 살아 있는 인간이라면 아무도 사용하지 않을 말'이긴 하나, 일상회화가 아닌 '연극언어'로 통용되기만 하면 괜찮다. 딸에게 쫓겨난 늙은 아버지가 이렇게 울부짖지는 않을 것이다.

"바람아, 불어라. 너의 뺨이 찢어지도록 세차게 불어라!

비여, 내려라. 폭포수가 되고, 용솟음이 되어, 솟아오른 탑도, 바람개비 수탉도 물에 빠져 가라앉을 때까지 실컷 퍼부어라!

번개여, 재빨리 뇌신의 마음을 전하는 유황의 불이여,

참나무를 두 동강내는 우레의 조짐이여,

내 백발을 불태워라! 그리고 천지를 뒤흔드는 뇌성이여, 둥근 지구가 납작해질 때까지 때려 부숴라!"

하지만 극 속에서 늙은 왕이 마음속의 폭풍우와 싸우면서 황야에서 외치는 절실한 소리를 듣는다면, 오래도록 마음에 남게 될 것이다. 이 시로 된 대사를 부정한다면, 가부키의 명대사도 뮤지컬의 명

곡도 마찬가지로 부정하는 셈이다. 사실, 이러한 비판은 톨스토이가 처음은 아니었다. 토머스 라이머는 〈비극 소견〉(1693년)에서 처음으로 〈오셀로〉에 대해 비판했다. 요약하면, 오셀로 같은 장군은 실제로는 존재하지 않으며, 이아고 같은 기수도 있을 수 없다. 따라서 이는 Nature(자연)와 Common Sense(상식)를 벗어난 것이다. 또한 〈오셀로〉는 피비린내 나는 소극(笑劇)이며, 손수건 코미디(손수건이라는 소도구가 데스데모나의 불륜의 증거로 사용되고 있기 때문에)라는 비판이었다. 자연과 상식을 벗어났다고 하는데, 나는 반대로 부자연스럽고 비상식적이기 때문에 드라마틱하다고 본다. 자연과 상식의 입장에서 셰익스피어를 보면, 톨스토이와 같은 의견이다. 그렇지만 17세기 말에 다가올 18세기, 19세기를 예상하고 있었다는 점은 이 비판을 의미 있게 만든다. 18, 19세기는 자연과 상식의 시대로 바뀌어 갔다. 부르주아 계급이 세력을 확장해나갔고, 귀족사회에 대항한 부르주아 계급이 점차 문화의 주류가 되어갔다. 그런 때 중요한 것이 바로 자연과 상식이었다. 그리고 거기서 더 나아가면 진보라는 개념이 나온다.

20세기가 되자 피카소라는 화가가 등장한다. 어째서 이때 그와 같은 입체파*, 초현실주의* 등이 나타났을까. 이는 지금까지의 자연과

---

* **입체파** 20세기 초, 프랑스에게 시작된 예술운동. 여러 시점에서 바라본 대상을 입방체 등의 기본 형태로 재구성했다.
* **초현실주의** 제1차 세계대전 후 프랑스에서 발생한 예술운동. 특히 잠재의식에 잠들어 있는 이미지를 표현하기 위한 방법을 주장했다.

상식만으로는 인간의 진실을 나타낼 수 없었기 때문이다. 연극에서도 부조리극과 서사극이 등장한다. 현실생활의 일부만 떼어내서는 아무런 감동도 줄 수 없다. 그 때문에 이렇게 무언가를 강조하고 과장하여 드라마틱하게 만들 필요성이 제기된다. 그러면서 연극에도 자연과 상식에 반하는 것이 반드시 필요해졌다.

나는 톨스토이의 비판이 무의미하다고 보지는 않는다. 셰익스피어 역시 시대에 따라 비판을 받을 수도 있다. 톨스토이는 작가다. 그는 어떤 문학을 만들고 싶어 했을까. 어쩌면 톨스토이는 자연과 상식에 반해서는 안 된다고 생각했을지도 모른다. 토머스 라이머가 생각하는 비극이란 아마 고전주의였으리라. 고전주의라면 자연과 상식의 공간 안에서 극을 표현하는 것이 당연하다. 아마 그는 셰익스피어의 낭만주의가 그 공간을 벗어나 있다고 생각했을 것이다.

18세기에는 그 시대의 셰익스피어가 확실히 존재하고 있었다. 예를 들어, 18, 19세기에는 〈리어왕〉이 나함 테이트라는 사람이 각색한 대본으로 150년 동안 상영됐다. 원작이 너무나 비극적이었기 때문에, 여기에서는 마지막에도 리어는 죽지 않고, 셋째인 코델리아가 에드거와 결혼하는 해피엔딩으로 끝난다. 그렇지 않았다면, 겨우 그 정도의 일로 이렇게 심한 짓을 당하는 게 말이 되느냐는 관객들의 거부반응이 일어났을 것이다. 이렇게 힘든 일이 있은 뒤에는 어려움을 극복하고 행복해진다는 내용으로 150년간 상영됐다.

그러던 1962년, 피터 브룩의 연출로 획기적인 무대가 탄생한다. 잔혹한 부조리극으로 상연한 것이다. 1962년이란 시대에는 〈리어

왕)이 그렇게 연출되어야만 했다. 소비에트연방시대였던 러시아에서도 셰익스피어의 작품은 1950년대에 연간 700회 이상 즉, 하루에 2개의 장소에서 각각 1회씩 상영됐다고 한다. 나는 영화로만 봤는데, 스모크트노브스키의 〈햄릿〉은 이성과 감성 모두가 예민한 젊은 이를 그려내고 있어 상당히 재미있었다.

그 어떤 시대, 어떤 나라라 하더라도 그곳에는 그들의 견해가 생겨난다. 그런 자유로움이 바로 셰익스피어의 매력이다. 그것은 셰익스피어가 인간은 이렇게 살아야 한다고 강요하는 것이 아니라, 체제나 국가의 이상향을 넘어선 인간 그대로를 그려내고 있기 때문이다.

그러나 프랑스인들에게만은 많은 영향을 끼치지 못했다. 프랑스에는 라신도 있었기에 셰익스피어 식의 낭만주의, 혹은 리얼리즘은 받아들여지지 않았다. 그것은 프랑스에는 고전주의자, 이상주의자가 많기 때문일지도 모른다. 그리고 프랑스인들은 셰익스피어식의 유머보다도 에스프리(기지)를 더 좋아하는 것 같다.

마르크스 — 실러보다 셰익스피어

마르크스가 셰익스피어의 작품을 자주 읽었고, 이를 굉장히 좋아하여 매우 높게 평가했다는 사실은 널리 알려져 있다. 그는 셰익스피어를 그리스의 아이스킬로스와 함께 인류가 낳은 가장 위대한 극작가 중 한명으로 존경했다. 또한, 그는 작품에 등장하는 단역까지 알고 있었다고 한다. 그의 저서에도 셰익스피어의 대사가 상당히 많이 인용되고 있다. 그의 가족도 마찬가지였는데, 세 명의 딸(제니, 라우라, 엘리노어)은 셰익스피어의 작품을 암송했고, 장녀인 제니는 맥베스부인 역으로 런던의 무대에 서기까지 했다고 한다.

나는 마르크스에 대해 자세히 알지는 못하지만, 이번에 마르크스가 셰익스피어에 대해 이야기한 문헌을 볼 기회가 있었다. 그때 인상에 남았던 부분을 말해보겠다.

"볼테르는 셰익스피어를 술 취한 야만인이라고 했다. 이처럼 프랑스인에게 반발심을 불러일으킨 영국 비극의 특성 중 하나는 숭고한 것과 저속한 것, 두려운 것과 익살스러운 것, 영웅과 광대가 독특하게 어우러져 있다는 점이다. 그러나 셰익스피어는 그 어떤 상황에서도, 영웅극의 서두를 이야기하는 역할을 광대역에게 맡기지는 않았다."

〈의회에서의 전쟁토론〉(1854년)

볼테르는 프랑스의 문학가이자 사상가로 백과전서파 중 한명이었는데, 그 역시 셰익스피어를 싫어했다고 한다. 그의 비판에 대해 마르크스가 말하고자 한 것은 '뒤섞여 있는 긍정과 절도'이다. 이것은 무슨 말일까. 〈로미오와 줄리엣〉에는 맨 처음 두 사람이 만나는 장면(1막 5장)이 있다. 가면무도회에서 두 사람이 나누는 말은 엄밀히 말해 소네트(14행 시)의 형식을 취하고 있다. 이는 운문이다. 그러나 쉴 새 없이 바뀌는 다음 장면, 2막 1장에서는 외설스런 말이 나온다.

로미오를 놓친 머큐시오는 로미오에게 나오라고 소리치며 외설스런 말을 내뱉는다. 처음에는 "로미오, 이 바람둥이, 미치광이, 사랑에 빠진 놈, 못난 놈"이라고 하다가, 점점 내용이 심해진다.

"지금쯤 그 녀석은 비파 나무그늘에 앉아, 제 연인이 그 열매 같았으면 좋겠다고 생각하겠지, 처녀들이 그 이름을 입에 올리고는 웃음을 지을 만한. 오오, 로미오, 너의 연인이 갈라진 비파이고, 네가 얇고 긴 배이길 바라마."

비파와 배는 각각 여성의 성기와 남성의 성기를 가리킨다.

그 장면을 사이에 두고 등장하는 2장의 아름다운 발코니 장면. 이런 것이 프랑스인에게는 말도 안 되는 일이다. 감미로운 장면들 사이에 외설스런 말을 넣는 것은 그야말로 '술 취한 야만인'이나 하는 짓이다.

하지만 유머가 넘치는 인물이 하는 말이기에 불쾌하지는 않다. 보고 있는 사람이 이를 불쾌하다고 여기지도 않는다. 숭고한 것과 저속한 것이 함께 있어도 절도는 갖고 있다. 마르크스는 이렇게 보고 있었다.

다음으로 〈아테네의 타이몬〉이 있다. 아테네의 귀족인 타이몬은 마음씨가 좋아서 사람들에게 금품을 아낌없이 나눠주었다. 그러나 그의 재산이 전부 없어졌을 때, 아무도 그를 도와주지 않았다. 타이몬은 속세를 떠나 바다에 가까운 산 속 동굴에서 살게 된다. 먹을 수 있는 나무뿌리를 찾아 흙을 파던 중 흙 속에 묻혀있던 금화를 발견한다. 하지만 돈의 추한 면을 알고 있던 그는 이렇게 말한다.

"금화라고? 황금빛으로 반짝반짝 빛나는 귀중한 금화라고? 아아, 신이시여, 저는 진심으로 바라고 있습니다, 부디 저에게 나무뿌리를! 허나, 이만큼의 돈이 있으면 검은 것을 희게, 추한 것을 아름답게, 부정한 것을 바르게, 비천한 것을 고귀하게, 늙은 것을 젊게, 겁쟁이를 용감하게 바꿀 수도 있을 겁니다. 신이시여, 이건 대체 무슨 뜻인가요? 어째서 저에게 이런 짓을? 이것은 당신 곁에 있는 신관(神官)과 신자(信者)를 억지로 떼어놓는 것이며, 아직 괜찮다는 병자에게서 의지할 것을 빼앗아버리는 것과 마찬가지입니다. 이 황금색의 노예는 신을 믿는 사람들을 어김없이 결속하게도 배반하게도 만들고, 저주받은 것을 축복하게 만들고, 문둥병을 숭배하게 만들고, 또, 도적에게 원로위원장에 버금가는 작위와 권위를 주는 녀석입니다. 늙어빠진 과부를 재혼하게 만드는 것도 바로 이 녀석입니다. 곪아터진 종기투성이 환자라도, 구토를 불러일으키는 추녀라도 이 녀석을 알게 되면 금세 4월의 꽃이 됩니다. 이 벌 받아 마땅한 흙덩이, 인간을 유혹하고 국가 간 무모한 분쟁을 일으키는 수상쩍은 화냥년 같으니라고……."

이 부분은 마르크스의 〈자본론〉에도 '화폐 또는 상품유통'(제1부 제1편 제3장) 부분에서 각주로 인용돼 있다. 경제는 내 전문분야는 아니지만, 이 타이몬의 대사에서 화폐의 본질을 논하는 모습을 보고, 역시 마르크스는 경제학의 전문가임을 느낄 수 있었다. 참고로 이 대사는 〈경제학·철학수고〉에도 인용됐다.

타이몬은 이 대사 뒤에 이렇게 외친다.

"(나는) 달과 마찬가지로, 내뿜는 빛이 사라져 변했다. 그러나 달은 또 가득 차겠지만, 나는 아직도 이지러져 있구나. 빛을 빌려줄 태양이 나에게는 없으니 말이다."

'달과 마찬가지……'라는 이 비유는 굉장히 이해하기 쉽다. 태양과 달, 달은 스스로 빛을 내는 것이 아니다. 하지만 그럴 힘이 있으면 태양처럼 빛날 수 있다. 내가 돈을 갖고 있을 때는 빛나는 달이었지만, 돈이 없어지니 '이지러진' 달이다. 인간의 진정한 힘을 가진 사람은 태양처럼 될 수 있다. 하지만 셰익스피어는 여기에서 '인간은 모두 달이다'라고 말하고 싶었던 것이다.

그렇다면 셰익스피어는 돈에 관해 어떻게 생각하고 있었을까. 그는 돈을 경멸하는 사람은 아니었다. 2장에서도 말했듯이, 유년기에는 읍장의 아들인 도련님이었다. 그러나 소년기에는 아버지가 몰락하고 빚이 생겼다. 상인이었던 아버지가 열심히 가계를 일으키려 노력하는 모습을 보고 자랐을 테고, 생활은 궁핍했기 때문에 실생활에서도 돈의 소중함을 잘 알고 있었을 것이다. 셰익스피어는 그런 돈의 가치와 거기에 연연해하면 인간이 얼마나 망가지는지 그 양면성을 잘 알고 있었으리라.

한편 〈베니스의 상인〉의 샤일록은 돈을 목숨처럼 여기는 사람으로 등장한다. 그러나 딸이 돈을 갖고 사랑의 도피를 했을 때, 그에게는 돈과 딸 모두 어느 한 쪽이라고 따질 수 없이 소중했다. 〈로미오와 줄리엣〉에서도 비슷한 장면이 등장한다. 로미오가 가난한 약국주인에게 독약을 사려고 할 때, 이런 실랑이가 벌어진다. 독약을 팔면 법률상 사형에 처해지게 된다고 말하는 약국주인에게 로미오는 많은 돈을 낼 테니 약을 팔라고 하면서, "가난을 버리시오, 법률을 깨트리고 이 돈을 받으시오"라고 재촉한다.

약국주인 받기는 하겠소만 이는 가난 때문이지, 나의 본의는 아니오.

로미오 돈을 주는 것은 당신의 가난에게 주는 것이지, 당신의 마음에 주는 것이 아니오.

이렇게 약을 산 로미오는 말한다.

"자, 돈 받으시오. 이건 사람의 마음에는 독보다도 무서운 독이오. 이처럼 더러운 세상에서는 독보다도 많은 사람을 죽이는 것이지. 당신이 못 팔겠다던 이따위 독하고는 비교조차 되지 않소. 독을 판 것은 나지, 당신이 판 것은 독이 아니오."

셰익스피어는 돈을 독이라고 생각했다. 동시에 "받기는 하겠소만

이는 가난 때문이지, 나의 본의는 아니오"라는 대사, 그러니 독을 팔고 돈을 받는다는 이 부분은 정말 대단하다. 우리의 일상생활 속에서 돈은 편리한 것이면서, 물건의 가치를 따질 수 있게 한다. 하지만 인간이란 얼마나 돈 때문에 좋아지기도 하고, 망가지기도 하는가?

> "인간은 그저 인간이고, 세계에 대한 인간의 관계는 인간적인 관계라고 전제하자. 그러면 당신은 사랑을 그저 사랑하고만, 신뢰를 그저 신뢰하고만 동등하게 교환할 수 있다."
>
> 〈경제학·철학수고〉

이 마르크스의 말이 의미하는 바를 셰익스피어 역시 알고 있었을 것이다. 인간과 인간의 관계는 금전적인 것이 아니다. 인간적인 관계, 사랑이나 신뢰는 '사랑은 그저 사랑하고만, 신뢰는 그저 신뢰하고만 교환할 수 있다.' 즉, 돈으로는 교환할 수 없다. 셰익스피어는 이를 말로 표현한 적은 없지만, 연극을 통해 드러내고 있다. '지킹엔 논쟁'. 나도 이번에 처음 알았는데, 라살레라는 사람이 〈프란츠 폰 지킹엔〉이라는 희곡을 출판해 마르크스와 엥겔스에게 보냈다. 그는 작품에 대한 비평을 받고자 했는데, 이때 그와 두 사람 사이에 오고 간 편지 상에서 벌어진 논쟁이 '지킹엔 논쟁'이다. 나 역시 라살레의 희곡을 읽은 적이 없기 때문에, 마르크스와 엥겔스의 편지를 통해서만 추측할 수 있었다. 거기서 내가 주목한 부분은 두 사람 모두 셰익스피어에 대해 같은 이야기를 한다는 점이다.

마르크스는 이렇게 쓰고 있다.

"자네는 거기에서 당신 나름대로 더 셰익스피어화했어야 했네. 그러나 자네의 글은 많은 개인들을 시대정신의 단순한 메가폰으로 만들어 버리는 실러의 방식이야. 나는 그것이 자네의(작품의) 가장 중대한 오류라고 생각하네."

(1859년 4월 19일)

또한 엥겔스는 다음과 같이 쓰고 있다.

"나는 극에 대해 이념적인 것 때문에 현실주의를 잊어버리지 말고, 실러 때문에 셰익스피어를 잊어버리지 말자는 견해를 갖고 있네. 그런 나의 견해에서 본다면……"

(같은 해 5월 18일)

실러는 독일의 극작가이자 시인으로, 괴테와 함께 고전주의 문학에서 낭만주의 문학을 확립한 사람인데, 그는 이념을 희곡으로 만들었다. 즉, 인간이 나아가야 할 방향성을 중요하게 여겼다. 엥겔스의 말을 빌리면, 실러는 이념적인 것 때문에 현실을 잊고 있다. 때문에 인간이란 이래야만 한다는 이념을 지나치게 강조하면, 살아있는 인간의 구체적인 면은 사라지고 만다. 그렇게 해서는 안 된다는 것이다. 이념주의에서 봤을 때 인간은 좋은 사람이 되려는 목표를 갖는다. 하지만 인간은 그뿐만이 아니라 나쁜 점도 갖고 있다. 그 때문에 셰익스피어는 살아 있는 인간을 때로는 거짓말도 하고 나쁜 짓도 하는, 그런 나쁜 면도 갖고 있는 현실적인 존재로 그려냈다. 전에도 말했듯이 〈로미오와 줄리엣〉에 나오는 줄리엣의 유모의 존재가 그렇다.

셰익스피어는 그런 인간의 나쁜 부분도 버리지 않았다. 그렇지만 실러의 경우에는 그의 〈군도〉 같은 걸작을 보더라도 정의로운 자는 끝까지 정의로우며, 악한 자는 끝까지 악한 모습을 보인다. 셰익스피어의 경우에는 그렇지 않다.

예를 들어, 〈헨리 4세〉에 나오는 폴스타프는 기사이면서도 "술자리에는 가장 먼저 달려가지만, 전쟁터에는 가장 마지막에 가지"라는 말을 하면서 등장한다. 그런 기사답지 못한 면, 인간은 형편없는 부분도 갖고 있다는 사실을 전부 받아들이는 것이 바로 셰익스피어이다.

마르크스도 '실러보다는 셰익스피어'라고 한다. 라살레란 사람은 이념만을 희곡에 나타냈을 것이다. 그런 점에서, 마르크스와 엥겔스는 셰익스피어를 제대로 읽고, 또 제대로 봐주었다. 그 때문에 괴테와 마르크스, 엥겔스가 셰익스피어를 읽은 방법은 어떻게 보면 현대적이라고 할 수 있다. 19세기적이지 않고, 자유롭게 셰익스피어를 대하고 있다. 톨스토이는 이념을 갖고 있었고, 예술이란 이래야 한다는 방향성을 갖고 있었다. 그래서 그의 이념에서 보면 셰익스피어의 작품은 형편없다. 그에 반해 셰익스피어는 관객 앞에서 하는 연극이니 그들에게 인간의 진실을 제대로 알리려면, 때로는 부자연스러워도 되고, 여러 부분이 서로 부딪쳐도 상관없다고 생각했다. 그것을 높이 평가한 것이 괴테이고, 마르크스이고, 엥겔스이다. 그리고 지금의 나 역시 그들과 완전히 같은 의견을 갖고 있다고 하면 실례가 될까.

현대극은 셰익스피어의 연극 속에서 많은 것을 발견했다. 1950년 대부터 브레히트와 베케트가 많은 영향을 받기 시작했다. 그들의 연극은 서사극과 부조리극이라고 봐도 무방한데, 브레히트의 소개는 1930년대부터 있었고, 베케트는 50년대에 등장한다. 그 두 가지 기원을 거슬러 올라가보면 셰익스피어가 있다. 브레히트의 경우에는 소포클레스가 있고, 중세연극이 있고, 셰익스피어가 있다. 부조리극의 이오네스코는 아리스토파네스가 있고, 중세의 코메디아 델라르테가 있고, 그리고 셰익스피어가 있다. 즉, 현대극의 선조는 셰익스피어이다. 그 어떤 시대에도 셰익스피어는 있었다.

19세기의 사실주의 연극은 입센에서 시작되는데, 입센의 눈으로 셰익스피어를 본다면 '이렇게 대강 갈겨쓴 것은 형편없어'라고 할지도 모른다. 그리고 20세기 후반이 되면, 브레히트는 그저 사실적 리얼리즘으로 남는다. 즉, 일상생활을 2시간만 잘라서 보여주는 것이 아니라, 작가가 인간과 사회를 어떻게 바라보는가 하는 시점을 가진다. 이때 셰익스피어의 영향을 받는다. 현대극은 바로 거기에서 오고 있다. 괴테와 마르크스 등이 셰익스피어를 받아들인 방식은 20세기 후반에 시작된 현대극이 받아들인 방식과 같다. 이것은 연극미학에 반한다고 해서 배제하는 것이 아니라, 인간의 모습을 전부 바라보려는 입장이었다. 인간을 전부 바라보고자 한 시점에서 이미 셰익스피어는 현대적이었으며, 괴테와 마르크스 역시 그를 현대적으로 바라봤다. 이런 식으로 읽어준 사람들이 예전에도 존재했다는 것은 기쁜 일이며, 넓은 마음을 가진 사람들이었음을 이번에 다시 발견할 수 있었다.

21세기가 된 지금은 좀 더 자유롭게 볼 수 있었으면 한다. 셰익스피어는 그 비판을 모두 견딜 수 있다.

Chapter 04
일본에서의 셰익스피어

의리와 인정(人情) 그리고 셰익스피어

일본에서 본격적으로 셰익스피어를 소개한 것은 쓰보우치 쇼요
가 처음이라고 해도 된다. 쇼요는 셰익스피어의 번역을 맡으면서 "
일본의 연극에 기여하기 위해서"라고 말했다. 즉, 일본의 연극(=가부
키, 구극[舊劇])을 보다 다채롭게 만들기 위해 번역을 했다. 분명히 그
의 번역은, 가부키에 어울리는 말투를 사용하고 있다. 그만큼 공부
를 많이 했다는 것이 정말 놀라울 따름이다. 요즘처럼 학술적인 해
석을 더한 데다가 상연될 때를 생각한 번역은 상연을 위한 대본이지,
영문학적 번역은 아니다. 다음으로 후쿠다 쓰네아리가 있다. 1955
년, 그가 번역하고 연출한 〈햄릿〉이 상연됐고, 그 뒤로 셰익스피어
의 연극은 '신극(新劇)'이 됐다. 무엇이 다르냐하면, 후쿠다는 문학좌
(1937년에 창설되어 현대극 상연을 목표로 한 극단—옮긴이)에 있었기 때문

에, 철저히 신극(=심리주의 리얼리즘)을 썼다. 거기에서는 인간이란 이런 심리상태와 심리적 동기가 있으면 이런 행동을 한다는 것이 명확해야만 했다. 신극의 배우는 그런 때의 마음을 생각하지 않으면 대사를 할 수 없었다.

후쿠다가 한 번역은 존 윌슨이라는 케임브리지 학자의 연구를 기본으로 했다. 햄릿이 연인 오필리아에게 "수녀원에 가라."고 말하면서 그녀를 다그치는 것은 왜일까? 그건 오필리아가 적이 놓은 함정이라는 걸 햄릿이 알고 있었기 때문이다. 바로 이런 가설을 세우고 설명을 한다. 후쿠다는 이처럼 모든 것이 이런 연유로 이렇게 됐다고 설명이 가능하도록 번역을 하고, 연출했다.

예를 하나 들어보자. '수녀원 장면'의 첫 부분에서 햄릿이 오필리아에게, "I did love you once"라고 말한 직후에 "I loved you not"이라는 모순된 말을 내뱉는 내용이 있다.

우선, 쓰보우치의 번역이다.

햄릿 ······예전에는 그대가 사랑스럽다고 여기고 있었소.

오필리아 사실, 저 역시 그렇다고 알고 있었습니다.

햄릿 그렇게 생각했으나, 그건 나의 착각이었소. 덕이란 아무리 접목시킨다고 해도 썩은 나무가 바탕이어서는 그 바탕이 완전히 사라지지 않는 것이오. 난 그대를 사랑하지 않았소.

오필리아 그렇다면 제가 큰 착각을 하고 있었군요.

햄릿 곧장 절로 가시오, 절로.······

다음은 후쿠다의 번역이다.

햄릿　……그래, 그대가 사랑스럽다고 생각한 적도 있소.

오필리아　햄릿님, 그때는 정말.

햄릿　그렇게 믿고 있었지만, 그건 완전한 나의 착각이었소. 애당초 쓸모없는 고목에 미덕을 접목시킨다 한들 그게 자랄 리가 없지. 결국, 본이 된 나무의 볼품없는 꽃밖에 피지 않는 것이오. 사랑스럽다고 한 것은 모두 거짓말이오.

오필리아　그런 것일 줄은.

햄릿　(무릎을 꿇는 궤배대를 가리키며) 수도원으로 가시오.

　쓰보우치의 번역은 오래되고 어려운 말이 나오는데, 대부분 원문을 그대로 가부키어로 옮긴 느낌이다. 후쿠다의 번역은 알기 쉽고 앞뒤가 맞는 대사를 하고 있다. 그렇기 때문에 "사랑스럽다고 한 것은 모두 거짓말이오"라며, 자기가 한 말을 강하게 부정하고 있다. 모순을 그대로 둘 수 없었던 것이다.

　60년대에 내가 문학좌에서 셰익스피어 연구회를 시작하고, 후쿠다의 번역으로 〈햄릿〉의 대본연습을 했을 때, 참가했던 젊은 배우들과 술자리를 가졌던 적이 있다. 그때, 그들이 "역시 셰익스피어에게는 거리감이 느껴져요"라는 말을 했는데, 그에 대해 나는 "현대와 가장 가까운 연극이다"라고 대꾸를 했다. 그리고 대본연습을 하면서 점점 후쿠다의 예스런 문체와 해석이 셰익스피어에게 거리감을 느끼게 하는 원인이 되고 있음을 알았다.

셰익스피어는 인간이란 가장 엉성하고, 이해할 수 없는 존재여서, 이런 이유가 있어 이런 행동을 할 것이라고 확신할 수 있을 만큼 짜여져 있지 않다고 생각했다. 쓰보우치의 가부키, 후쿠다의 신극, 오다시마의 현대극이라고들 한다. 나는 셰익스피어의 연극을 상연용 대본으로 번역하고 있음에도 불구하고, 억지로 뜻이 통하게 만들지는 않는다. 셰익스피어는 모순을 모순 그대로 쓰려고 했으리란 생각 때문이다. 그리고 이것이 바로 현대극이다.

참고로, 좀 전에 인용한 부분의 나의 서툰 번역은 이렇다.

햄릿　나도 한때는 당신을 사랑했었지.

오필리아　왕자님, 저도 그렇게 믿고 있었습니다.

햄릿　믿지 않았더라면 좋았을 걸.

　　　나쁜 바탕에 아무리 미덕을 덧붙여 봐도

　　　원래 성격이 아주 소멸될 수야 있겠소.

　　　처음부터 나는 당신을 사랑하지 않았소.

오필리아　그렇다면 제가 착각한 거로군요.

햄릿　더 이상 죄를 짓지 말고 수녀원으로 가시오.

브레히트는 햄릿을 극중에서 가장 이성적인 존재라고 했다. 정작 햄릿 본인은 "나는 정열의 노예이다"라고 한다. 햄릿은 이성적인가 정열적인가, 굳이 그걸 따질 필요는 없다. 어느 쪽이라고 정하고, 그 때문에 이렇게 된다고 할 수 없다. 나는 이를 있는 그대로 받아들이려고 한다. 내가 번역한 〈햄릿〉을 맨 처음 문학좌에서 상연했을 때, 야기 슈이치로라는 극작가가 "당신의 번역은 쓰보우치랑 비슷하네"라는 말을 했다. 왜냐하면 후쿠다는 연출가의 이미지를 갖고 번역을 했다. 즉, 여긴 이렇기 때문에 이렇게 된다는 것을 항상 염두에 두고 있었다. 쓰보우치는 자기가 연출을 하려던 것이 아니라, 셰익스피어를 그대로 일본의 가부키에 가져오고자 했다. 그 때문에 셰익스피어의 모순이 그대로 연극에 남아 있다. '인간은 모순덩어리다, 인간은 이성과 진보만으로 설명할 수 없다'라고 생각하는 사람이 현대의 언어로 번역을 한다는 것은 바로 셰익스피어를 현대극으로 번역하려는 것이다.

일본에 처음으로 셰익스피어가 도입됐을 때는 가부키처럼 보였을 것이다. 제 1장에서도 말했듯이 기본적으로 셰익스피어는 인간을 그려냈다. 그 인간은 독립된 존재가 아니라, 인간관계 속에 존재하는 것이었다. 부모자식, 연인 등 그 속에는 항상 감정이 흐르고 있으며, 그런 감정은 어느 시대건 공통된다.

예를 들어, 연인의 마음을 확인한 남자는 발코니 장면 속 로미오처럼 기뻐할 것이다. 이것은 어디에서나 공통된다. 그래서 셰익스피어는 그 어떤 시대에서도, 그 어떤 나라에서도 받아들여진다.

일본에서는 논리적인 부분보다 의리와 인정이 특히 인기가 많다. 셰익스피어는 인정을 두텁게 그려내고 있기 때문에, 일본인들은 거기에 쉽게 공감을 한다. 가부키 속에도 집안싸움이 등장하듯이, 그와 비슷한 내용은 한 드라마에 커다란 요소가 된다. 이런 내용은 일본인들이 이해하기도 쉬울 뿐더러, 서민들도 지배층의 집안싸움을 좋아한다. 〈가라선대추(伽羅先代萩, 메이보쿠센다이하기-유명한 가부키극의 하나)〉(=다테소동[伊達騒動, 다테 집안의 권력다툼])처럼 말이다. 셰익스피어의 연극 세계는 자신보다 큰 세계이지만, 여러 감정이입을 하면서 자신은 안전하게 빠져 있다.

그 점에서 셰익스피어는 오피니언 리더도 아니며, 새로운 철학을 설명하는 자도 아니다. 공감하기 쉬운 내용으로 '나도 그렇다'라고 받아들이게 만든다. 나처럼 슬퍼하고 있는 사람이 주변에도 많다고 위로를 해준다. 그런 면이 일본인들에게 쉽게 받아들여지지 않았을까.

그리고 이처럼 많은 번안과 패러디의 소재를 만들어낸 작가는 없다. 메이지시대 이후 문학에서도 〈햄릿〉의 번안이 몇 개나 된다. 예를 들면, 시가 나오야의 〈클로디어스의 일기〉, 고바야시 히데오의 〈오필리아 유서〉, 다자이 오사무의 〈신 햄릿〉, 오오카 쇼헤이의 〈햄릿일기〉, 이것들은 그냥 읽어도 상당히 재미있으며, 일본인들이 어떻게 번안을 했는지도 알 수 있다.

셰익스피어의 작품에는 수많은 번안이 있다. 작품 수로는 그와 대적할 자가 없을 것이다. 왜 그렇게 번안이 많이 될까. 아마 그 속에서 본인이 공감하는 요소를 발견하고, '나라면 이렇게 표현하겠다'라는 부분이 있기 때문이다. 표현 방법은 시대와 나라에 따라 바뀌게 마련이고, 번안하는 사람에 따라 각각의 개성이 있다. 그 당시 셰익스피어의 작품 속에 존재하는 감정의 흐름에는 시대와 나라, 사람을 불문하고 공감할 만한 요소가 많았기 때문에 그것을 소재로 삼기 쉬웠을 것이다.

전후 일본에서는 미가미 이사오가 번역을 하고 센다 고레야가 연출과 주연을 맡고, 드디어 후쿠다 쓰네아리도 작업을 시작했다. 이는 신극계에도 새로운 바람을 불러일으켰다. 60년대 후반부터는 이른바 전위 소극장의 활동이 활발해졌다. 이때부터 셰익스피어를 제대로 된 현대극으로 상연하려는 의식이 높아졌고, 데구치 노리오, 쿠시다 카즈요시, 그리고 니나가와 유키오 등의 연출가가 각각의 스타일로 꽃을 피웠다.

자신의 감성으로 자유롭게 읽다 — 도쿄대 투쟁을 거쳐

마지막으로 내가 셰익스피어와 어떻게 얽히게 되었는지에 대해 말하겠다.

나에게는 그때까지 쌓아온 가치관이 무너진 경험이 두 번 있었다. 첫째는 중학교 3학년 때, 종전을 맞이하면서 그때까지 믿고 있던 것들이 모두 산산이 무너졌다. 나는 군국소년이었기 때문에 나중에 해군학교에 들어가는 것이 꿈이었다. 만주에서 태어나 자란 나는 중학교 2학년(1944) 때, 해병 예과에 시험을 보려고 히로시마의 에다지마까지 갔는데, 학과시험에서 떨어지고 말았다. 전쟁이 시작된 후 나의 미래는 군인으로 죽는 것뿐이었다. 주변 사람들도 모두 그렇게 생각하고 있었다. 영화도 좋아했고, 야구도 좋아했다. 그래서 살아있는 동안에는 좋아하는 것을 맘껏 하고, 아름답게 저물자고 생각했다. 좋고 나쁨을 따지기 전에 그것밖에 생각할 수가 없었다.

다음해, 근로동원 등으로 수업이 거의 없던 중학교 3학년 여름, 갑자기 전쟁이 끝났고 만주에서 1년 간 지낸 뒤 일본으로 돌아왔다. 그때까지의 나는 원점으로 돌아갔고, 백지 상태가 되어 민주주의를 조금씩 배워갔다.

도쿄대학교에 입학해 영문학을 전공하게 된 것은 아버지의 영향이 컸다. 아버지는 전쟁 전 도쿄국제대학 법학부를 졸업한 뒤 만철(滿鐵, 남만주 철도주식회사)에 입사했다. 그곳에서 저녁시간에 초등학교나 중학교만 나온 젊은이들을 상대로 지금의 '문화센터' 같은 것을 열어 투르게네프 등을 가르쳤다. 그런데 그곳에 오던 사람들이 중심이 되어 파업을 일으켰고, 아버지는 그것을 선동한 장본인이라는 의심을 받고 21일간 구류조치에 처해졌다. 아버지는 문학을 단순히 취미로 하고 있었기 때문에 사상적인 배경은 전혀 없었다. 결국 무죄방면은 됐지만, "러시아 문학 같은 걸 하는 녀석은 고용할 수 없다"는 이유로 만철에서 해고됐다.

그렇지만 아버지는 전쟁이 끝난 뒤 한 회사의 중역으로 노동조합을 상대로 싸우는 입장이 됐다. 아버지는 학생 때 공산주의자는 아니었지만, 이른바 심퍼사이저(sympathizer, 좌익 운동의 동조자—옮긴이)였다. 샐러리맨이 된 뒤에도 심적으로는 노동자의 편에 있었다. 그렇지만 그때는 입장 상 노동조합 사람들에게 매일같이 심한 말을 해야 했으니 괴로웠을 것이다. 나에게 "지금의 조합원들은 마르크스의 '마' 자도 읽지 않는단 말이야"라며 안타까워했고, 회사원이란 출세를 한다 해도 그다지 즐겁지 않다는 사실을 느끼셨던 것 같다.

그래서 나에게는 "네가 문학을 좋아한다면 문학을 공부해라"라는 말씀을 하셨다. 내가 "그렇지만 문학으로 먹고 살 자신이 없어요"라는 한심한 소리를 하자, "앞으로는 미국의 시대가 될 것이다. 그러니 영문학이라도 하면, 영어선생님을 하면서 먹고살 수 있을 것이다"라고 하셨다. 그 때문에 나는 영문학을 '하고 싶어서'라기보다는, 한심하게도 아버지가 권했기 때문에 시작했다.

대학에서도 처음에는 시를 공부하려 했고, 졸업논문도 시인 T.S. 엘리엇을 선택했다. 셰익스피어는 〈맥베스〉가 수업 교재였기 때문에 절반 정도 읽었을 뿐이었다. 처음으로 내 의지로 읽었다고 할 수 있는 것은 〈햄릿〉이다. 대학 2학년 때 가미다의 고서점에서 쓰보우치 쇼요가 번역한 〈셰익스피어 전집〉 전 40권을 사서, 2주에 걸쳐 한 번에 다 읽었다. 번역이 너무나 훌륭했기 때문에, 원문은 어떤지 궁금했다. 그래서 〈햄릿〉의 원문을 구해 두 개를 비교하며 3개월에 걸쳐 읽었다. 19세 때의 일이었다.

그 무렵 나에게 신념 같은 건 거의 없었다. 그저 나의 경험 상, 평화와 주권재민, 기본적 인권의 존중과 같은 전후 민주주의는 중요하게 작용했다. 군국주의 다음으로 보인 것이 민주주의였기 때문이다.

그 가치관이 다시 심판대에 놓인 때가 바로 1980년대 말에 일어난 도쿄대 투쟁이었다. 나는 당시 도쿄대학에서 조교수를 하고 있었는데, 전공투라고 불리는 학생들이 전후 민주주의를 비판한 사건이었다. 이 학생들에게는 내 생각이 전혀 통하지 않는다는 것을 알게 되자 그것은 굉장한 충격이었다.

도쿄대 투쟁 때문에 수업은 불가능했고, 연구실마저 사용할 수 없던 때, 셰익스피어를 읽고 싶어 하던 학생들 5명 정도가 한 집에 모였다. 그들은 〈리어왕〉을 읽고 싶어 했고, 그곳에 내가 조언자로 갔다. 여기에서 나는 '이렇게 읽는 방식도 존재하는구나'하고 상당한 자극을 받을 수 있었다.

재개된 수업에서 〈율리우스 카이사르〉를 읽었을 때, 한 평범한 학생이 "선생님, 셰익스피어는 정말 대단하네요"라는 말을 했다. 왜 그렇게 생각하느냐고 묻자, "혁명이나 전쟁 같은 폭력적인 사건을 제대로 표현해냈잖아요"라는 것이었다. 〈율리우스 카이사르〉의 3막 3장에는 시인인 시너의 에피소드가 등장한다. 시너라는 시인이 있는데, 그가 시민에게 붙잡혔다. 브루투스의 일파에도 같은 이름을 가진 사람이 있는데, 같은 이름이니 내버려둘 수 없다는 이유로 그는 참살 당한다. 바로 이런 장면이다.

시민3　이름은? 솔직히 말해.

시너　솔직히 말하겠다. 내 이름은 시너이다.

시민1   사지를 갈기갈기 찢어버려라, 이 녀석은 모반군이다.

시녀   나는 시인인 시녀이다. 착각하지 마라, 나는 시인인 시녀
이다.

시민   갈기갈기 찢어버려라, 어설픈 시 같은 거 쓰는 녀석 따윈. 어
설픈 시를 쓰니 갈기갈기 찢어버려라.

시녀   나는 모반군 시녀가 아니다.

시민4   그래서 어쩌란 말이냐? 어쨌건 이름은 시녀이지 않느냐.
이 녀석의 심장에서 그 이름을 도려내야 한다. 그렇게 한
다음에 찢어버리면 되는 거야.

시민3   찢어버려라, 찢어버려! ……

나는 이 에피소드에 관해 깊게 생각해 본 적이 없었는데, "그저
이름이 같다는 이유로 참살당하는 부조리한 폭력은 정말 혁명이
나 전쟁 때는 있을 법하네요"라는 학생의 말에서 가르침을 얻을
수 있었다.

도쿄대 투쟁 후, 과연 나에겐 무엇이 남았을까? 다행히도 전후 민
주주의를 중요하게 생각하는 마음에는 변함이 없었다. 하지만 그때
까지의 셰익스피어 연구 방법에 대해 나의 '주체성'을 다시금 생각
하게 만들었다. 스스로는 셰익스피어를 제대로 공부해왔다고 생각
하고 있었지만, 결국엔 "'셰익스피어 아카데미즘'이라고 불리는 옥
스퍼드와 케임브리지 대학의 권위자가 이렇게 말했으니 이렇다"라
는 해석을 그대로 받아들였던 것이다. 이대로는 안 된다고 생각한 나

는 종래의 해석을 잊어버리고 내 인생경험과 감성을 중심으로 셰익스피어를 읽어보기로 했다.

그렇게 생각하게 만든 계기는 바로 도쿄대 투쟁이 나에게 남긴 유산이었다. 그리고 스스로 생각하면서 다시 읽으면 어떤 번역이 될지 궁금했던 나는 내 나름의 번역을 시작했다. 처음에 생각한 것은 내가 셰익스피어의 작품 중에서 가장 마음에 걸렸던 부분이었다. 그것은 앞에서도 인용했던 연인 오필리아를 향해 햄릿이 "예전에는 사랑하고 있었다. … 하지만 사랑하지 않았다"라고 하는 대사이다. 여기서 햄릿은 대체 오필리아에게 무슨 말을 하고 있는가 하는 소박한 의문이었다. 그래서 조사해보니, 이에 관한 종래의 해석에는 '햄릿은 사랑하고 있었다'라는 설이 70%를 차지한다는 사실을 알았다. 그렇지만 후쿠다가 의지했던 존 윌슨은 '사랑하지 않았다'라는 설을 갖고 있었다.

나는 이때의 햄릿은 본인조차도 사랑하고 있었는지 아닌지 알지 못한 게 아닐까 하고 생각했다. 그것을 셰익스피어 학회에서 발표했을 때, 한 여성연구자가 "그건 너무 치사한데요?"라는 말을 한 적이 있다. 하지만 나는 아직도 그렇게 생각하고 있다. 한발 물러나서 바라보니, 햄릿이 무슨 심정으로 그런 말을 했는지 보였기 때문이다. 그런 생각을 하게 된 후에야 진정한 나의 셰익스피어 연구가 시작됐다. 본격적으로 시작한 것은 40세 무렵이다. 〈햄릿〉을 번역해 문학좌에서 상연을 했는데, 연구를 시작한 지 2년 뒤의 일이었다.

그 구체적인 예가 제 1장에서 소개했던 햄릿의 독백이다.

"to be or not to be: that is the question"을, 나는 "이대로 괜찮은가, 괜찮지 않은가, 그것이 문제로다"라고 번역했다.

그 계기를 제공한 것은 나카노 요시노 교수다. 내가 도쿄대 학생이었을 때, 강의 중에 교수님이 "일본에서는 '사느냐, 죽느냐'라는 번역으로 널리 알려져 있는데, 이것은 to live, or to die도 아니고, life, or death도 아니다. 그보다 훨씬 더 확실치 않은 것인데……달리 번역할 말이 없을까……"라는 말을 하신 적이 있다. 나 역시 "사느냐, 죽느냐"로는 무엇이 문제인지 알 수 없었다. 그렇지만 예전부터 '셰익스피어는 말을 모호하게 하네, 지금의 나로 괜찮은지 아닌지 고민하고 있는 건가 보다'하는 정도의 생각은 가졌다. 그것이 도쿄대 투쟁 이후에 그렇다는 확신을 갖게 됐다.

나중에 나의 이 번역이 신문에 소개됐을 때, 나카노 교수님은 "자네가 드디어 해냈구먼"이라며 전화로 칭찬을 해주셨다. 내 나름대로 여러 가지를 생각하는 과정에서 선배들에게 힌트도 많이 받았다. 그러면서 셰익스피어는 중요한 독백을 할 때는 모호한 말투를 쓴 다음에 그 내용에 대한 설명을 붙인다는 사실을 알았다. 그렇다, 꼭 이어서 확실한 답을 해주고 있었다. 그런 생각으로 이어지는 다음 행을 읽어보면 알 수 있다.

"어느 쪽이 더 당당한 삶인가. 이대로 마음속에서 가혹한 운명의 화살을 참는 것인가, 아니면 다가오는 고난의 거센 파도에 정면으로 맞서 싸워, 그것에 종지부를 찍는 것인가. ……"

이처럼 상당히 중요한 내용으로 자문을 하고 있다.

분명히 to be는 '이대로 마음속에서 가혹한 운명의 화살을 참는 것'이며, not to be는 '다가오는 고난의 거센 파도에 정면으로 맞서 싸워 그것에 종지부를 찍는 것'이다. 즉, 햄릿은 '삶이냐, 죽음이냐'의 관념론으로 생각한 것이 아니라, 자신이 놓인 상황 속에서 고민하고 있다.

그렇다면, '사느냐, 죽느냐'는 오역일까. 반드시 그렇다고 단정 지을 순 없다. 괴롭더라도 현상유지를 하면서 살아갈 수 있고, 현상타파를 목표로 운명과 맞서 싸운다면 분명히 그에 굴복하여 죽게 될 것이다. 그러니 오역이라고 할 수도 없다. 하지만 그 번역은 너무 관념적이어서 오역을 부를 위험성이 있다.

셰익스피어의 작품 속 등장인물은 자신이 놓인 구체적인 상황 속에서 생각하고 있다. 그것은 셰익스피어 작품을 읽을 때의 철칙이다.

그보다 더 중요한 것은 어느 쪽이 더 당당한 삶인지 햄릿은 결론을 내릴 수 없다는 점이다. 그는 내적 카오스(판단기준이 무너진 상황)에 빠져있기 때문이다. 그 때문에 오필리아를 사랑했는지 아닌지도 몰랐던 것이다.

셰익스피어를 읽고 그 연극을 보면, 언제나 '인간이란 이런 존재였던가'라는 발견, 혹은 재발견을 하게 된다. 인간이란 이처럼 사람을 사랑하고, 이처럼 사람을 미워하고, 이처럼 헤매고, 이처럼 슬퍼한다. 그런 경험이 가장 많은 것이 내 경우에는 셰익스피어였고, 지금도 역시 그러하다. 교과서가 아니라, 인생을 살아갈 때 곁에 있는 동반자라고 생각하면 굉장히 마음이 편해진다. 자기만의 감성으로 자유롭게 읽으면, 내용은 보다 풍부하게 다가온다. 나는 이것을 21세기가 된 지금도 전하고 싶고, 또 많은 사람이 알았으면 한다.

마지막 제 5장은 셰익스피어의 작품 속 대사 중에서 그 멋이 살아 있는 인간심리학을 느껴보도록 하자.

Chapter 05
대사 속에 담긴
인간심리학

1
아무리 거친 폭풍이 부는 날이라도 시간은 흐른다
_ 맥베스

셰익스피어의 37편 연극 중에 악당을 주인공으로 한 것은 두 개밖에 없다. 〈리처드 3세〉와 〈맥베스〉이다. 제 2장에서도 자세히 이야기했는데, 역사에 기록된 이야기를 셰익스피어 나름대로 내용을 수정하고, 선악의 기준을 뒤집어서 〈맥베스〉를 썼다. 이 대사는 다음과 같은 장면에서 나온다. 글램즈의 영주인 맥베스는 마녀들에게 '코더의 영주'라는 인사를 받으면서, '훗날 국왕이 된다'는 예언을 듣는다. 그리고 그 직후 실제로 코더의 영주가 됐다는 소식을 듣는다. 이때 맥베스는 그렇다면 자신이 정말 국왕이 될지도 모른다는 생각을 한다. 그리고 그렇게 되려면 지금의 왕인 덩컨을 죽여야만 한다고 생각하면서, 왕을 죽이는 장면을 상상한다. 그는 심장이 늑골을 친다는 표현을 사용할 정도로 무서움을 느끼지만, 결국에는 "(방백)될 대로 되라지"라고 말한다. 그 다음에 이어지는 대사가 바로 이것이다.

"아무리 거친 폭풍이 부는 날이라도 시간은 흐른다."

즉, 이것은 왕을 죽이는 엄청난 짓을 저질러도 결국 시간은 흐르니, '에잇, 그냥 죽여버리자'라는 뜻으로 하는 말이다. 이것은 '현재라는 시점에 얽매여 있으면, 제대로 볼 수 없다'라는 뜻이다. 폭풍 속에 있으면 폭풍이 영원히 계속될 것만 같은 느낌이 든다. 그러나 그곳에서 한발 물러서서 바라보면, 결국 시간이 흐르면서 폭풍은 분명히 지나가고 푸른 하늘이 나타난다. 불행의 밑바닥까지 떨어진 자는 죽을 때까지 그런 순간이 계속 되리라고 생각한다. 하지만 한발 물러서 바라보면, 다시 행운을 향해 기어오를 수 있다는 사실이 보인다. 그것은 상대적인 견해이긴 하나, 셰익스피어가 여러 부분에서 반복해서 말하는 하나의 인생관이다.

덧붙여 말하면, 살해된 덩컨의 장남인 맬콤이 잉글랜드로 들어가, 만 명의 병사를 빌려 공격을 해온다. 드디어 맥베스를 타도하기 직전에 하는 대사가 있다.

"지금까지 우리나라는 맥베스라는 폭군 밑에 있어 밤의 어둠에 갇혀있었다, 그러나 아무리 긴 밤도 언젠가는 분명히 해가 떠오른다."

앞의 대사와 비슷한 의미의 내용이다. 의도적인지는 모르겠으나 연극의 처음과 마지막 부분에 서로 적이 되어 싸우는 자들이 비슷한 대사를 한다. 이는 마치 셰익스피어가 "항상 현재에 얽매이지 말고, 한발 물러서서 긴 안목으로 바라보라"고 말하는 것처럼 느껴진다.

2
얼굴만 보고 사람의 속마음까지 알 도리는 없다
_ 맥베스

이 말은 국왕 덩컨이 한 말로, 그는 온화하고 착실한 성격의 훌륭한 군주이다. 하지만 반란이 일어났고, 충신이라고 믿었던 코더의 영주가 그에 가담했다. 결국 붙잡아 자백도 받아내고 사형에 처했는데, 이 대사는 그가 반성의 뜻을 전하고 당당하게 죽어갔다는 보고를 받는 장면에서 나온다. 그리고 이 대사 직후에 맥베스와 뱅코가 등장한다.

두 사람은 반란군을 진압하고 돌아왔다. 맥베스는 덩컨의 사촌이기도 한데, 친척 중에 이렇게 훌륭한 남자를 자기편에 둘 수 있어서 기쁘다면서, 맥베스를 끌어안는다. 원래대로라면 봉건귀족의 주종관계이기 때문에 귀족은 왕이 있는 곳으로 가서 무릎을 꿇어 인사하고, 왕이 그에 대해 응답하는 것이 자연스럽다. 그러나 여기에서는 왕이 먼저 말을 건다. 게다가 관객들은 이미 맥베스가 마녀와 만난 뒤에 왕을 죽일 결심을 했다는 사실을 알고 있다. 즉, 덩컨은 "얼굴만 보고 사람의 속마음까지 알 도리가 없구나"라고 하자마자, 그것을 증명하듯 자신을 죽이려고 하는 맥베스의 겉모습만 보고 속마음을 알아차리지 못한 채 그를 끌어안는다. 이것은 셰익스피어가 극작법으로 잘 사용하는 수법으로, 극적 아이러니라고 한다. 등장인물이 생각하고 있는 이상의, 자각하고 있는 이상의 의미가 담긴 대사를 하게 만드는 것이다.

덩컨의 입장에서는 그저 코더의 영주가 그렇게 충성스러운 모습을 보였으면서 배신했다는 점만을 생각해서 한 말이었다. 그러나 맥베스에게도 그 말이 들어맞게 된다. 이 장면은 관객의 존재가 있기에, 상당히 극적인 의미를 갖는다.

관객의 입장에서 봤을 때 자신들은 덩컨보다 더 많은 것을 알고 있다. 맥베스가 덩컨을 죽이려고 한다는 것을 알기 때문에, 덩컨의 말이 그대로 증명된다는 사실을 알고 있다. 그래서 이런 장면은 극작가로서 그의 재능이 드러난 부분이라고 할 수 있다. 물론 '얼굴만 보고 사람의 속마음까지 알 도리는 없구나'라는 부분에는 겉모습에만 얽매여 있을 때는 보이지 않던 것도 한발 물러서서 바라보면 속마음까지 볼 수 있다는 의미 역시 포함돼 있다.

셰익스피어는 비극, 희극, 역사극 등 여러 스타일의 연극을 썼는데, 그 어떤 연극에도 이런 인간관이 등장한다. 셰익스피어의 연구자들은 이것을 겉보기와 진실의 주제라고 한다. 진정한 모습과 겉으로 보이는 모습은 모두 다르며, 이 두 가지의 낙차에 빠지는 것이 바로 비극이다. 셰익스피어의 모든 작품에는 이런 장면이 꼭 반복해서 등장한다. 예를 들면 〈리어왕〉이 그렇다.

그런 반면, 셰익스피어의 희극에는 겉보기와 진실의 차이를 이용해 해피엔딩으로 만드는 수법도 자주 등장한다. 〈베니스의 상인〉, 〈뜻대로 하세요〉, 〈십이야〉 등의 연극에서는 여주인공이 남장을 하고 남자의 마음을 차지한다. '사실은 나였어요'하고 나타나 결국엔 행복하게 잘 산다. 이것은 분명히 겉모습은 남자였지만, 사실은 여자였다는 내용의 희극이다.

3
사람은 아무리 미소를 지어도 악당일 수 있다 _ 햄릿

이것도 겉모습과 진실의 차이가 주제이다. 햄릿 왕자의 아버지인 왕이 죽고 1~2개월이 흘렀을 때, 어머니는 남편의 동생과 재혼한다. 이것은 당시 상당히 문제가 되는 일이었다. 제 2장에서도 소개했듯이, 우선 성서에서 금지하고 있는 근친상간과 동일한 것이다. 어머니의 재혼상대는 클로디어스. 그는 신사인 척 하고 있으나, 사실 나쁜 사람이다. 햄릿은 그런 사실을 아버지의 망령에게서 듣고 알았다. 아버지의 망령은 친동생에게 목숨도 왕관도 왕비도 한순간에 빼앗겼다고 하면서, 아들에게 복수를 해달라고 부탁한다. 그리하여 복수를 맹세하는 햄릿. 원래부터 이유 없이 미웠던 숙부 클로디어스였다. 하지만 겉보기에 그는 악당이 아니라 마냥 마음씨 좋은 신사처럼 보인다. 그런 숙부의 얼굴을 떠올리면서 햄릿이 하는 대사가, "사람은 아무리 미소를 지어도 악당일 수 있다"라는 것이다. 인간이란 겉모습에만 얽매여 있으면 보이지 않지만, 한발 물러서서 바라보면 속에 숨겨져 있는 진실이 보인다. 겉보기에는 온화한 신사일지라도,

그 속에서 무슨 생각을 하고 있는지는 알 수 없다.

다시 한 번 자세히 이야기하면, 악행을 일삼는 사람 중에는 그런 악행을 정말로 즐기는 사람들도 있다. '웃으면서 사람을 죽인다'라는 말이 있는데, 이처럼 악행을 즐기는 사람도 있다. 좋은 일을 할 때는 웃고, 나쁜 짓을 할 때는 양심의 가책을 느낀다는 것이 일반적인 사람들 생각이다. 웃는 것과 악행을 일삼는 것은 다르다고 생각하기 때문이다. 그런 사람이 이 햄릿의 대사를 듣고 놀라면서도 또한 알게 된다. 어쩌면 사람들 중에는 즐거워하면서 악행을 저지르는 사람이 있지 않을까, 그렇다면 진정한 악당이란 양심의 가책 없이 악행을 일삼는 사람이다. 요새는 그들을 '유쾌범(愉快犯, 양심의 가책 없이 세상이나 경찰을 놀래게 하거나 조롱하고 약 올릴 목적으로 저지르는 범죄 내지 그 범인—옮긴이)'이라고 부른다. 게다가 지금은 평범한 사람이 그렇게 될 가능성도 많다. 무서운 세상이다.

4

바사니오: 좋아하지 않으면 죽인다고, 인간이란 그런
존재인가?
샤일록: 미우면 죽이고 싶지, 인간이란 그런 것 아닌가?
_ 베니스의 상인

〈베니스의 상인〉 중에서 바사니오와 샤일록이 법정에서 말을 주
고받는 장면이다. 바사니오는 포샤라는 여성을 사랑하게 되어, 친구
인 베니스의 상인 안토니오에게 그녀에게 구혼하러 가는데 필요한
여비를 부탁한다. 해외무역에 전부 투자를 한 탓에 수중에 돈이 없
던 안토니오는 고리대금업자인 샤일록에게 돈을 빌릴 때 자신이 보
증을 서기로 한다. 결국 그 돈을 갖고 포샤에게 간 바사니오는 멋지
게 구혼에 성공한다. 그러나 그동안 안토니오가 투자했던 배는 전부
난파되고 만다. 사실은 구조된 것이었지만 말이다. 결국 재판이 열
리고, 샤일록은 증서대로 살 1파운드를 가져가겠다고 한다. 바사니
오는 빌린 돈을 2배, 3배로 다시 갚겠다고 했지만 그는 받아들이지
않는다. 어째서 안토니오의 살 1파운드를 원하는지 그 이유를 물었
을 때, 샤일록은 이렇게 말한다.

"고양이를 싫어하는 사람은 고양이가 가까이 오기만 해도 온몸

의 털이 다 선다고 하지. 말하자면 나는 안토니오라는 남자가 싫다."

그의 비정한 대답에 바사니오가 야유를 보낸다.

"좋아하지 않으면 죽인다고, 인간이란 그런 존재인가?"

샤일록은 그를 돌아보며 이렇게 말한다.

"미우면 죽이고 싶지, 인간이란 그런 것 아닌가?"

이 "좋아하지 않으면 죽인다고, 인간이란 그런 존재인가?" 즉, '인간이란 그런 존재가 아니지 않나?'라는 바사니오의 의견에 나는 전적으로 찬성이다. 좋아하지 않는다고 계속 죽이면, 인류는 3분도 안 되는 시간에 멸망할 것이다. 그러나 "미우면 죽이고 싶지, 인간이란 그런 것 아닌가?"라는 말도 역시 틀린 말은 아니다. 나 역시 죽이고 싶을 정도로 미운 사람이 3명 정도는 있기 때문이다.

셰익스피어는 절대 옳고 그름을 판단하지 않는다. 그는 인간을 성선설이나 성악설 차원에서 보기보다는 선과 악을 동시에 지닌 존재로 봤다. 따라서 그의 이런 관점은 상대적이라고 말할 수 있다. 셰익스피어는 하나의 견해로 판단하면 또 다른 견해도 있을 수 있다는 것을 작품 속에서 보여주고 있다.

인간은 모두 사람의 좋은 면을 소중하게 여긴다. 하지만 '도둑질

에도 이유가 있다'라는 말이 있듯이, 인간의 모습은 100%의 선이 아니라, 70 대 30 정도로 선악이 적당히 섞여있는 것일지도 모른다. 나는 그런 식의 견해가 낯설지만 셰익스피어 덕분에 조금이라도 익숙해지려고 노력하고 있다.

5

인간도 옷을 벗으면 너처럼 불쌍한 알몸에 두 다리를 가진 동물일 뿐이구나 _ 리어왕

제 1장에서도 소개한 대사이다. 〈리어왕〉에는 부차 줄거리가 존재한다. 주 줄거리는 리어가 세 딸의 본심을 잘못 파악해 겉보기와 진실의 낙차에 빠진 비극이다. 그리고 부차 줄거리는 글로스터 백작이 두 아들의 본심을 잘못 알고 당하는 비극이다. 적자인 에드거의 배다른 동생인 에드먼드는 형이 아버지를 죽이려 한다는 가짜 편지를 이용해 아버지가 이를 믿게 만든다. 격노한 글로스터 백작은 에드거를 추방시킨다. 에드거는 '미치광이 거지'로 변장하고 지냈다. 그리고 마침 그곳에 리어가 오면서 두 사람이 만나게 된다.

에드거의 대사에 따르면, 당시의 '미치광이 거지'란 "……얼굴에는 칠을 하고 허리에는 누더기를 걸치고 머리는 마구 헝클어져 있고 갖고 태어난 알몸을 그대로 드러내고……" 그리고 드러낸 팔에는 바늘과 침 등을 꽂고서 동냥을 하고 다니는 사람이었다. 리어는 왕좌에서 내려왔어도 여전히 왕의 권위를 지니고자 했다. 그러나 딸에게 배신 당하고 무일푼으로 폭풍의 황야를 헤매면서 자신이 모든 것을 잃어버렸다는 사실을 깨닫는다. 그런 때 에드거를 만난 그는 이것이야말로 진정한 인간의 모습이라고 깨닫는다. 불쌍하다는 생각이 들기 때문에 비극은 한층 더 심해진다. 이런 생각 없이 그저 왕좌를 빼앗기고 비참한 죽음을 맞이하는 것만으로는 비극의 주인공으로서 다소 부족했을 것이다. 인간의 진정한 모습을 알게 됐으므로 이렇게 말할 수 있다.

일상생활 속에서도 좋은 옷을 입고 있는 사람은 높은 지위를 가졌으리라고 생각한다. 헝클어진 옷을 입고 있는 사람은 생활도 헝클어져 있다고 생각한다. 상식에 얽매인 눈으로는 보이지 않는 것을 리어는 본 것이다. 그리고 리어는 자신이 이제 왕이 아니었기 때문에 체험을 통해 인간의 진정한 모습을 알았다. 그가 왕이었을 때 에드거를 봤다면 그저 불쌍한 인간이라고만 느꼈을 것이다. 옷을 벗는다는 것은 살아가면서 편의를 위해 몸에 걸친 모든 것을 내려놓음을 의미한다. 천하를 다스리는 국가가 자신의 것이었던 자가 모든 것을 잃고 에드거를 봤을 때 스스로를 돌아보게 하는 계기가 됐던 것이다.

6

왕의 궁전을 비추는 저 태양은 우리의 빈곤한 오두막집 에도 똑같이 빛을 내려주신대요 _ 겨울이야기

페르디타는 원래 시칠리아의 왕녀로 태어났지만, 왕비가 바람을 펴서 생긴 아이라고 왕이 의심하는 바람에 버림을 받는다. 그녀는 보헤미아의 한 양치기의 딸로 아름답게 성장했다. 그러던 어느 날, 보헤미아의 왕자가 사슴 사냥을 하러 왔다가 양치기가 사는 마을에 들어온다. 왕자는 페르디타에게 첫눈에 반해 이 마을을 자주 들락 거리게 된다.

그러나 보헤미아 왕의 입장에선 왕자가 양치기의 딸과 연애를 하는 것이 탐탁치 않다. 그래서 변장을 하고 페르디타가 축제의 여왕이 된 양털깎이 축제에 참가한다. 그랬더니 두 사람은 그곳에서 장난으로 결혼식을 올리려 하고 있었다. 왕이 왕자에게 "그런 사실을 아버지가 알고 있는가?"라고 묻자, 왕자는 "아버지에게 말하면 반대할 것이므로 말하지 않을 것"이라고 한다. 그러자 왕은 변장을 벗어던지고 왕자를 혼낸다. 페르티다에게도 왕자인줄 알고 다가와서 유혹한 것이 아니냐고 하면서 "마법을 쓰는 계집애"라는 소리까지 한다. 왕의 말을 듣고 그녀는 이렇게 말한다.

"이걸로 전부 끝이에요! 그렇지만 저는 전혀 두렵지 않았어요. 그 동안 한두 차례 왕께 제대로 말씀드리려고 했으니까요."

그리고 이어서 이런 대사를 한다.

"태양은 왕이건 양치기이건 구별을 두지 않아요. 태양의 위치까지 물러서서 바라보면 그렇다는 사실을 알 수 있죠. 그리고 이것은 신분 과 지위에 얽매여 있어서는 보일 것도 보이지 않게 된다는 말이겠죠."

셰익스피어의 작품 속에는 이처럼 인간은 모두 평등하다는 인간 관을 엿볼 수 있는 대사가 종종 등장한다. 인간사회에 상하관계가 존재하는 이상, 아무리 노력해도 권위에 아부하고 아랫사람을 경멸 하는 경향은 사라지지 않는다. 그 때문에 이 페르디타의 대사는 중 요하다. 꽤나 옛날이야기지만, 내가 근무하고 있던 대학의 대학병원 에 평범한 외래환자로 간 적이 있었다. 순서를 기다리는 동안 한 노 부인이 간호사에게 심하게 화를 내고 있는 모습을 목격했다. 가까이 가서 들어보니, "환자한테 좀 더 친절하게 대해야 하지 않나요!?"라 며 나무라는 말투로 말하고 있었다. 그러자 그 간호사는 나를 쩨려보 더니 방해가 된다는 듯이 밀치고 가버렸다. 아마 그녀는 바빠서 나나 노부인에게 신경을 쓸 여유가 없었을 것이다. 하지만 만약 내가 이

대학의 교수라고 신분을 명확히 밝혔다면, 그녀의 태도도 변했으리라는 생각이 문득 들었다. 그러자 왠지 씁쓸한 불쾌감이 남았다. 그런 생각을 할 때마다 나는 셰익스피어의 이 대사를 떠올리게 된다.

7
눈은 자기 자신을 보지 못하고, 다른 무언가에 비춰져야 비로소 자신을 볼 수 있다 _ 율리우스 카이사르

의붓동생인 카시우스가 오랜만에 말을 걸어오는 장면에서 브루투스가 하는 대사이다.

"어떤가, 브루투스, 너는 자신의 얼굴이 보이는가?"

카시우스의 질문에 그는 이렇게 대답한다. '자신의 얼굴이 보이는가?'라는 것은 '자기에 대해 알고 있는가?'라는 뜻이다. 사실 이 두 사람은 수년간 대화를 나누지 않았다는 전제가 있다. 연극에서는 갑자기 카시우스가 브루투스에게 말을 거는 장면부터 시작하지만, 당시 관객들은 참고가 된 책인 플루타르코스의 〈영웅전〉을 읽었거나 알았을 것이다.

〈영웅전〉에 따르면, 카이사르는 브루투스가 어쩌면 자기 자식일지도 모른다고 생각했던 것 같다. 조사해보니 브루투스의 어머니는 예전에 카이사르의 내연녀였다. 그리고 브루투스가 태어난 지 2년 정도 지난 후에 브루투스의 아버지와 결혼을 했다. 그래서 카이사르는 그가 자기 자식이 아닐까라는 생각을 했다. 그 때문에 카이사르는 여러 가지 면에서 그를 편애했다. 브루투스와 카시우스에게 직위를 놓고 겨루게 하고선 결국 브루투스에게 일을 맡긴다. 이 일로 카시우스는 카이사르에게 불만을 품고, 그를 암살할 계획을 세운다. 그리고 카이사르에게 불만을 가진 자들에게 이 이야기를 꺼내는데, 그들은 "브루투스가 가담한다면 나 역시 참가하겠다"라고 한다. 브루투스는 공명정대한 남자로 알려져 있었다. 그 때문에 그가 가담하면 자신들 역시 정의롭다고 인정받을 수 있었다. 그래서 카시우스는 수년간 말도 나누지 않던 의붓형에게 말을 건다.

그때 그는 어떤 말을 하려고 했을까. 브루투스는 원래 공화주의자였다. 그렇기 때문에 카이사르가 황제가 되고자 하는 야망을 갖고 있다면 이 브루투스를 쓰러뜨려야 했을 것이다. 그리고 카시우스는 바로 그 점을 이용했다. 카시우스는 브루투스에게 "너와 카이사르는 동등한 위치의 사람이 아니냐, 그런 카이사르가 혼자 황제가 되어 너를 일반인들처럼 노예취급해도 괜찮겠느냐"라는 말을 한다. 그리고 던진 "너는 자기 자신이 보이는가"라는 질문에 대한 대답이 바로 이 대사이다. 자신의 모습을 보여주는 것이 바로 거울인데 여기에서는 타인, 주위 사람을 의미한다. 주위 사람에게 어떻게 보이고 있는가. 존경받고 있는가, 사랑받고 있는가. 만약 그런 모습이 보인다면 자신은 가치 있는 사람이라고 할 수 있다. 그러나 그들이 쌀쌀맞게 대한다면 나는 사람들에게 사랑받지 못하는 존재일지도 모른다고 생각한다. 내가 내 자신을 볼 수는 없기 때문에 주변 사람들을 통해야 자신을 볼 수 있다.

이는 쉽게 이해가 가는 부분이다. 자기 자신을 볼 때는 항상 자신의 좋은 점만 보려고 한다. 하지만 자신의 능력이란 오르기도 하고 내려가기도 하는 것이다. 그렇기 때문에 항상 좋다고만 생각해서는 안 된다. 특히 나이가 들면 지난해에는 됐던 것이 올해는 안 되기도 한다. 자신은 이 정도 쯤이야 해낼 수 있다고 생각한다. 하지만 다른 사람 눈에는 그것이 더 이상 가능하지 않다는 사실이 더 잘 보이기도 한다. 사실 내 자신만큼 알 수 없는 것도 없다. 특히 절정기에서 하강기로 들어설 때는 자기 자신을 잃는 경우가 많다. 나는 이를 내 자신을 보는 눈의 '관성의 법칙'이라고 부르는데, 좋았던 때의 잔상은 현재 모습을 일그러지게 만든다. 그럴 때 자신을 대하는 다른 사람들의 태도가 거울이 된다. 처음으로 내가 전철에서 자리를 양보 받았을 때, 기쁘면서도 "아직 나는 괜찮은데"라고 생각했다. 하지만 다른 사람들이 봤을 때는 노인이다. 주위에서 보는 눈이 정확한 것이다.

야구선수인 야마모토 고지와 기누가사 사치오가 아직 현역으로 활발하게 활동하던 때, 시부야의 술집에서 두 사람과 자주 술자리를 가졌다. 술을 마시며 허심탄회하게 이야기를 나누다 보니 성격이 좋은 그들과 친해졌다. 기누가사 선수가 은퇴를 하던 시즌(1987)의 여름 무렵, 그와 함께 술을 마신 적이 있었다. 그때 그는 "내가 마지막이라는 것은 관중들이 더 잘 알 거예요"라고 말했다. 예전에는 자기

차례에 타석에 들어가면 관중 모두가 소리를 지르며 흥을 돋웠기 때문에 그 힘으로 홈런도 칠 수 있었다고 한다. 하지만 요새는 타석에 올라가도 야유 섞인 목소리만 들리고 그럴 때는 아무리 잘 쳐봤자 펜스를 넘어가지 않는다고 한다. "나보다도 관중이 더 잘 알 거예요"라는 말은 셰익스피어의 그 대사 같다고 생각했다. 브루투스의 말 역시 내가 내 자신을 객관적으로 보기란 어렵다는 뜻이다. 역시 브루투스는 잘 알고 있었던 것이다.

8
적이 있어 좋은 일이 생기고, 친구 탓에 험한 꼴을 당하
고 있습니다 _ 십이야

셰익스피어의 극에서는 광대가 많은 활약을 하는데, 이것은 희극
〈십이야〉에 나오는 페스테라는 광대의 대사이다. 궁정의 오시노 공
작이 페스테와 만나 말을 나누는 내용이다.

공작 자네에 대해선 잘 알고 있네. 어떻게 지내고 있는가?

광대 뭐, 적이 있어 좋은 일이 생기고, 친구 탓에 험한 꼴을 당하
고 있습죠.

공작 그 반대겠지, 친구 덕분에 좋게 되는 것 아니냐?

광대 아닙니다, 험한 꼴을 당하고 있습죠.

공작 왜 그런가?

광대 글쎄, 친구는 저를 칭찬해주니까 저를 바보로 만들지만, 적
은 솔직히 저를 보고 바보라고 말을 해주죠. 그러니까 적이
있어서 제 자신을 알게 되고 친구 때문에 제 자신을 속이는
것이 됩니다. 결론은 마치 키스와 같아서 4번의 부정은 2번

의 긍정을 의미하죠. 그러니 친구 때문에 험한 꼴을 당하고, 적 덕분에 좋은 일이 생기는 겁니다.

이것은 광대 식으로 약간 비틀어서 한발 물러서서 바라보고 있는 느낌이다. 역설적인 표현이다. 광대이기 때문에 이런 가벼운 표현을 쓰고 있다. 사실 나는 나를 비판해 주는 사람을 소중히 여기고 싶다. 하지만 나이를 먹고 어느 정도 사회적인 지위를 가지면 그런 인간관계를 가지기란 어렵다. 자신을 칭찬해주는 사람과는 금방 친해지고 어울리지만, 나쁜 말을 하는 사람하고는 얼굴조차 마주치지 않으려 한다. 하지만 한 명이라도 좋으니 이런 친구를 남겨두고 싶은 마음이 든다.

마루야 사이이치라는 선배가 있다. 처음에 친해진 것은 국학원 대학에서였는데, 그곳 연구실에서 당시 문단에서도 활약을 하는 사람들이 문학론과 예술론에 대해 토론하고 있었다. 나 같은 건 거기 끼어들 여지조차 없었다. 그런데 어느 순간 제임스 조이스의 〈율리시즈〉가 화제에 올랐다. 그 작품이라면 나도 읽은 적이 있었기 때문에, 이때다 싶어 한마디를 던졌다.

그랬더니 마루야 선배가 내 쪽을 보더니 "그러니까 자네는 브람스를 이해하지 못하는 것이야"라고 말했다. 내가 한 말이 어째서 '브람스를 이해하지 못하는' 것으로 연결되는지 이해할 수 없었다. 나는 분명히 바흐와 모차르트, 베토벤은 좋아하지만 브람스를 딱히 좋아하지는 않았다. 하지만 마루야 선배에게는 그런 말을 한 적도 없었는데 어째서 그런 것까지 알까. 아직도 풀리지 않는 의문이지만, 후배에게 그런 말을 해주는 사람은 소중하게 여겨야 한다고 생각한다.

9

질투심이 많은 사람은 이유가 있어서 질투하는 것이 아니라, 질투심이 많기 때문에 질투하는 것이에요 _ 오셀로

〈오셀로〉 속에서 이아고의 부인 에밀리아가 하는 대사이다.

오셀로는 무어인으로 갈색의 피부를 갖고 있었지만, 제 2장에서도 말했듯이 당시 영국인들은 그를 '악마의 색'을 가진 흑인이라고 생각했다. 그리고 나이는 중년의 고비를 넘긴 베네치아(베니스) 공화국의 장군이다. 그는 원로원 의원의 외동딸이자 백인 여성인 데스데모나와 결혼한다. 이아고라는 남자는 자신이 오셀로의 부관이 될 것이라고 생각했지만, 캐시오가 부관이 되자 이에 앙심을 품는다. 장군의 부관이 되면 장교 취급을 받으며 젠틀맨(신사계급) 즉, 귀족계급은 아니지만 시민계급 중에서 가장 높은 계급과 대등한 취급을 받을 수 있다. 그러나 이아고는 기수였다. 기수는 하사관이기 때문에 부관과는 대우가 달랐다. 그리고 이것이 바로 앙심을 품게 된 가장 큰 이유였다.

그의 부인인 에밀리아는 데스데모나의 시녀였다. 이아고는 오셀로도 캐시오도 모두 미웠기 때문에 데스데모나와 캐시오가 불륜을

저지르고 있다고 오셀로가 믿게 만든다. 오셀로는 부인을 믿고 싶었지만 이아고 역시 믿고 있었다. 한편 에밀리아는 이아고가 무슨 짓을 꾸미는지 알지 못한다.

오셀로는 '질투에 사로잡히지 않는다'고 하면서도 평소의 다정함을 버리고 부인을 심하게 다그친다. 이 모습을 본 에밀리아는 오셀로가 질투를 하고 있는 것이 아니냐는 말을 한다. 그러나 데스데모나는 자신에게는 질투를 받을 만한 이유가 없다고 부정하자 에밀리아가 이 같이 충고한다.

"그렇지만 질투심 많은 사람은 그것으로는 만족하지 않을 거예요. 이유가 있어서 질투하는 것이 아니라, 질투심이 많기 때문에 질투하는 것이에요. 질투심이란 저절로 배고 저절로 태어나는 괴물이거든요."

이것은 서민의 입장에서 하는 말이다. 이른바 지식층들은 사람들이 이해하기 힘든 행동을 하는 것은 심리적인 동기가 있기 때문에 그렇다면서 납득하려고 한다. 예전에 고등학생이 금속배트로 어머니를 때린 사건이 있었다. 이 사건에 대해 지식층들은 오토바이를 사고 싶었는데 어머니가 사주지 않았기 때문이라는 동기가 있으면 납득한다. 그렇다면 부모가 오토바이를 사주지 않는 고등학생들은 모두 어머니를 때리는가. 심리적인 동기와 행동은 일치하지 않는다.

그래서 인간은 한마디로 설명할 수 없다는 것이 서민들 생각이다. 나는 에밀리아의 입장에서 하는 말이 더 진실에 가까운 것 같아 좋다. 사소한 이유로 엄청난 짓을 저지르는 사람이 있으면, 커다란 이유가 있는데도 아무 짓을 하지 않는 사람도 있다. 셰익스피어는 그런 견해를 갖고 있었다.

햄릿은 아버지의 적을 무찌를 충분한 이유가 있는데도 행동에 나서지는 않는다. 아마 이 극 속에서 가장 질투심이 많은 사람은 이아고일 것이다. 부인인 에밀리아는 남편이 무슨 짓을 꾸미고 있는지 알지 못하지만 인간이란 이유가 없어도 무슨 짓이든 저지를 수 있다는 것은 알고 있다. 일상생활에서는 머리로는 알고 있어도 마음에 따라 움직이는 사람이 많다. 자기가 좋아하는 탤런트의 "어디가 좋나요?"라는 질문에, "그냥 좋으니까 좋죠"라는 젊은 여성이 많다. 사실 그거면 된다, 그게 바로 인간이니까.

10

사용 방법에 따라 미덕이 악덕으로 바뀔 수도 있고, 행동에 따라 악덕 또한 명예로 바뀔 수 있다네

_ 로미오와 줄리엣

〈로미오와 줄리엣〉에서 두 사람의 결혼식에 입회하기로 한 로렌스 신부가 등장해 처음으로 하는 대사이다. 로미오와 줄리엣을 몰래 결혼시키는 것은 사실 나쁜 일일지도 모른다. 하지만 몬태규와 캐풀렛이라는 두 원수 집안에 화해의 물꼬를 트고자 한 것이 로렌스 신부이다. 로렌스 신부의 행위는 신부로서 해선 안 될 행위일지도 모른다. 하지만 이 일로 양가가 화해를 한다면 결국엔 좋은 일이 된다. 그런 그의 인생철학이 드러나 있다.

"그 아무리 해가 되는 것이라 해도 이 세상에 있으면 여러 가지 이득을 줄 수 있으며, 그 아무리 선한 것이라고 해도 올바르게 사용하지 않으면 갖고 있던 본성을 버리고 생각지 못한 악을 행하기도 하지. 사용하는 방법에 따라 미덕이 악덕으로 바뀔 수도 있고, 행동에 따라 악덕 또한 명예로 바뀔 수 있다네."

여기서 그는 약초를 손에 집고 이야기를 한다. 즉, 독초도 사용방법에 따라 약이 되기도 하며, 약초도 사용방법에 따라서는 독이 되기도 한다. 목적과 수단에 따라 선악이 바뀔 수도 있다는 말로, 나중에 로미오와 줄리엣을 몰래 결혼시키는 것에 대한 의의를 미리 표명하고 있는 것처럼 보인다.

또 하나 비슷한 대사가 등장하는 연극이 있는데, 바로 〈실수연발〉이다. 이는 쌍둥이 형의 처제인 루시아나라는 여성이 하는 대사이다. 오랫동안 떨어져 지냈던 쌍둥이 동생이 나타나는데, 그는 그곳에 형이 있다는 사실도, 형에게 부인이 있다는 사실도 모른다. 그는 루시아나에게 첫눈에 반해 그녀를 꾀려고 한다. 루시아나는 이 사람이 형부라고 생각한다. 그러므로 부인이 있으면서도 그 동생을 꾀려고 하는 모습이 좋아 보일 리 없다. 그러니 언니가 알면 큰일이 난다고 말하는 장면이다.

"부정은 몰래 하는 것이지, 언니에게 알릴 필요는 없어요. 자신의 죄를 널리 퍼트리고 다니는 것은 머리가 나쁜 도둑뿐이에요. 침대에서 핀 바람을 식탁에서 언니에게 들키는 것은 죄에 죄를 더하는 것이죠. 명예롭지 못한 행동도 제 하기에 따라 석연치 않더라도 명예를 유지할 수는 있어요. 나쁜 행동은 나쁜 말로 인해 더 나빠질 따름이죠."

루시아나의 말 역시 사용방법에 따라 선악이 결정된다는 뜻이다. 절대 선과 절대 악이란 없으며, 선 안에도 악이 있고, 악 안에도 선이 포함돼 있다. 표현방법과 사용방법에 따라 정해진다. 그러므로 언니의 남편으로서 언니를 소중하게 대하고, 그래도 나를 사랑하겠다면 멀리서 조용히 바라봐줬으면 한다고 부탁하고 있다. 셰익스피어도 역시 그런 견해를 갖고 있었다. 좋고 나쁨은 사용방법에 따라 무엇이든 될 수 있다. 이런 생각의 배경에는 기독교인의 입장에서 가진 절대 선과 절대 악이란 기준이 있었을 것이다. 그러나 다른 한편으로 르네상스 사람으로서 종교 계율보다 인간이 더 중요하다는 생각을 갖고 있었다. 셰익스피어는 그 사이에 균형을 맞춘 견해를 지녔다.

당시 무신론자들은 목적을 위해 수단을 가리지 않는다고 생각했다. 그들만큼은 아니지만 로렌스 신부도 루시아노도 사용방법에 따라 좋은 결과가 나오면 대부분은 용서를 받을 수 있다는 입장을 가진 것은 아닐까.

11
대체로 운명에 과감히 맞설 때 인간의 본 모습이 나타난다 _ 트로일러스와 크레시다

트로이의 왕자 패리스는 스파르타의 왕인 메넬라오스의 왕비 헬렌의 아름다움에 반해 그녀를 고국으로 데리고 돌아갔다. 이 때문에 그리스가 헬렌을 찾아오기 위해 트로이를 공격하면서 트로이 전쟁이 일어났다. 이 연극은 트로이 전쟁을 배경으로 한 일종의 토론연극Discussion Play이다. 그리스에는 아가멤논, 율리시스 등의 영웅이 있다. 트로이에도 헥터를 비롯한 많은 무장들이 있다. 여기서는 싸움도 하지만 토론도 한다. 그리스에서도 토론이 시작됐는데, 이 대사는 장로인 네스토르가 '대체로 인간의 본 모습이 드러나는 것은 운명에 과감히 맞설 때뿐이다'라고 말하는 부분이다. 그는 이어서 이렇게 말한다.

"바다가 잠잠하면 장난감같이 작은 배도 당당히 거선과 함께 조용한 수면을 가르면서 자유롭게 돌아다닐 수 있지. 하지만 일단 거친 북풍이 너그러운 바다의 여신을 화나게 만들면, 그렇게 할 수 없게 된다

네. 튼튼한 배는 높고 거친 파도에 개의치 않고 하늘과 물 사이를 페르세우스의 페가수스처럼 나아갈 것이야. 그러나 조금 전까지 가냘픈 주제에 거선과 함께 겨루던 그 아니꼬운 작은 배는 어떻게 될 것 같은가?……"

작은 배와 큰 배가 있다고 하자. 바다가 잠잠할 때는 둘 다 똑같지만 바다가 험해지면 상황은 달라진다. 그때서야 처음으로 배의 힘이 시험에 들게 된다. 사람도 마찬가지다. 인생에서 미래가 달린 일이나 과감히 운명에 맞서야 할 상황에 놓였을 때야말로 진정한 모습이 나타나는 것이다.

나는 겁쟁이인지라 은사님께 "너는 불 속에 있는 군밤도 못 집을 남자"라는 말까지 들은 적이 있다. 그런 나였지만 "셰익스피어 작품을 전부 번역하겠습니다"라는 말을 했을 때는 칭찬을 받았다. 그때 교수님은 "그렇구나, 적극적으로 해보라"라는 말을 하셨다. 사실 그것은 존경하던 교수님마저 해본 적이 없는 일이었기 때문에 내가 할 수 있으리라곤 생각도 하지 못했다. 하지만 40세 생일을 맞이했을 때 내 인생에 무언가를 남겨야겠다는 생각이 들었다. 그리고 내가 제일 하고 싶은 것이 무엇인지 생각해봤을 때 떠오르는 건 역시 셰익스피어의 작품 전부를 번역하는 것이었다.

7년에 걸쳐 번역을 끝냈을 때 역시 주변 사람들이 많이 놀라워했다. 그동안에도 다른 연극이나 소설의 번역 등 다른 일을 겸하고 있었기 때문에 힘들긴 했지만 그만큼 즐거웠다. 대학교를 선택할 때도 내 의지가 아니라 아버지의 권유로 들어갔고 지금까지 운명에 맞설 때는 언제나 나의 부족한 모습만 보였다. 그렇기 때문에 이 셰익스피어 번역을 통해 나도 이만큼 할 수 있고 힘이 있다는 확신을 가질 수 있었다. 셰익스피어를 전부 번역하는 것은 일생에 걸쳐 할 수 있는 일이라고 생각했고, 그것을 해냈다는 것에 정말 기뻤다. 스스로 말하긴 좀 그렇지만 '운명에 과감히 맞섰다'라는 느낌이 조금은 든다.

여러분도 딱히 역경이 아니더라도 무언가를 자신의 의지로 해내고자 할 때 이 대사를 명심하길 바란다.

12

권좌에 오른 분은 다른 사람과 마찬가지로 실수를 저질러도 죄의 외양을 꾸미는 힘을 갖고 있기 때문입니다

_ 자에는 자로

이자벨라가 안젤로에게 말하는 장면이다. 비엔나 공국의 공작은 공작대리로 안젤로라는 엄격한 남성을 고른 뒤, 그에게 뒷일을 맡기고 모습을 감췄다. 안젤로는 권력의 자리에 앉아 법률을 엄격하게 지키려고 한다. 그리하여 정식으로 결혼을 하지 않은 사람들끼리 육체관계를 가지면 사형시킨다는 법률을 실행에 옮긴다. 그런데 어느 사랑하는 남녀가 약혼은 했으나 사정상 결혼을 미루고 있던 중에 임신을 하고 만다. 예전 같았으면 그냥 넘어갔을 텐데, 이 법률 때문에 그 남자는 사형을 선고받는다. 남자의 동생인 이자벨라는 수녀원에 들어갈 준비를 하고 있었지만, 사형선고를 받은 오빠를 위해 선처를 부탁하러 안젤로를 찾아간다. 이 대사는 그때 공작대리인 안젤로에게 하는 대사이다.

그녀가 말하려는 것은 '당신도 우리들과 같은 마음을 가졌으면 한다. 그러면 서로 사랑하는 남녀에게 아이가 생기는 일도 있다는 걸 알게 될 것이다'라는 뜻이다. 안젤로는 그런 이자벨라에게 반해, 자신과 하룻밤 잠자리를 함께하면 오빠를 살려주겠다고 한다. 이자벨라는 물론 그것을 거부하고 오빠를 죽게 내버려둘 수밖에 없다고 생각한다. 그때 공작이 나타나 실제로 안젤로를 사랑하는 여자와 이자벨라를 바꿔치기하고, 안젤로는 이를 모른 채 그녀와 하룻밤을 보낸다. 이자벨라의 대사는 같은 행동을 일반서민이 했을 경우에는 죄가 되지만, 권력을 가진 자는 잘 처리해서 무죄가 되기도 한다는, 시대와 나라에 관계없이 통용되는 이야기이다. 〈햄릿〉에도 무덤을 파는 장면에서 이와 비슷한 대사가 등장한다. 햄릿의 연인인 오필리아의 죽음은 자살은 아니었지만, 죄를 씻고 참회한 뒤 죽은 것이 아니라 물에 빠져 죽은 사고사이다. 기독교에서는 이런 죽음에 제대로 된 장례식을 올릴 수 없다. 하지만 총리대신 격인 폴로니어스의 딸이기 때문에 제대로 된 매장을 하게 되자, 광대2가 말한다.

"이 여자가 귀족 가문의 아가씨가 아니었다면, 기독교식 장례는 아마 꿈도 꾸지 못했을 거야."

그러자 광대1은 이렇게 말한다.

"나도 잘 알고 있네. 정말 말도 안 되는 이야기지. 높은 분들이야 우리랑 같은 기독교도라도 물에 빠지거나 목을 매달거나 해도 전혀 상관없다니 말이야."

분명히 신분이 높은 사람은 자살을 해도 장례식을 올릴 수 있으니 신분의 차이에 따라 법률과 계율이 변하는 것은 사실이다. 높은 지위를 가진 사람은 그 사실을 알지 못하지만 서민들은 그것을 뼈저리게 느낀다. 셰익스피어도 그런 생각으로 모든 것을 바라봤다. 그리고 권력의 자리에 있는 자는 그만큼 자기관리를 철저히 해야 한다는 말도 하고 있다.

13
'시간'이야말로 인간의 지배자다
인간을 살리기도 하고 죽이기도 한다 _ 페리클레스

타이어의 영주인 페리클레스는 바다에서 폭풍우를 만나 모든 것을 잃는다. 바다 위를 떠돌다 펜타폴리스에 도착한 뒤, 펜타폴리스의 왕이 보는데서 열린 창술시합에서 우승을 한다. 그때, 왕인 사이모니디즈의 모습에서 영광에 둘러싸여 있던 아버지를 떠올리고, 현재 자신의 모습을 돌아보면서 이 같은 방백을 한다. 이 대사 뒤에 그는 이렇게 말한다.

"……무엇이든 시간의 마음대로지, 자기가 주고 싶은 것은 주지만 이 이 간절히 원하는 것은 주지 않아."

'시간'이란 운명을 일컫는다. 시간을 얻는다. 즉, 행운이 온다면 좋겠지만 시간은 인간을 살리기도 하고 죽이기도 한다. 시간이 인간을 지배하고 있다. 그렇기 때문에 아무리 발버둥을 쳐도 어쩔 수 없다. 그리스인들은 개인의 의지로는 어떻게 할 수 없는 힘을 운명이라고 불렀다. 제 2장에서도 소개한 오이디푸스의 비극은 그 전형이라고 할 수 있다.

　그의 경우에는 혼자 아무리 노력해도 아무 것도 할 수 없었다. 그리고 어릴 때 버려져서 아무 것도 모르고 자란 그가 여행지에서 죽인 사람이 바로 아버지였다. 그러고 나서 그는 "아침에는 네 다리로, 낮에는 두 다리로, 밤에는 세 다리로 걷는 짐승이 무엇이냐?"라는 스핑크스의 수수께끼를 풀면 여왕의 남편이 될 수 있다는 소리에 그 수수께끼를 풀어 '인간'이라고 답했다. 하지만 여왕과 결혼을 하고보니 그녀는 자신의 친어머니였다. 이것은 본인이 알지 못했으며, 개인의 힘으로는 어떻게 할 수 없는 일이었다. 이것이 그리스인이 생각한 운명이었다. 그런 운명과 개인의 관계에서 봤을 때 개인의 힘을 발견한 것은 근대였다. 인간의 힘이란 운명이 하는 대로 끌려가지 않는다. 자신의 노력으로 이를 극복하려 든다. 이런 생각이 바로 자아의 발견이다. 셰익스피어는 그 두 가지의 균형을 맞춰서 보고 있었다. 그 때문에 페리클레스도 '시간'의 힘을 실감한 뒤 대회에서 우승해 왕녀인 타이자와 결혼을 하고, 그로 인해 더욱더 운명의 파도에 휩쓸리게 된다.

14
우리는 인간을 구할 수 있는 힘은 신밖에 없다고 생각한다. 하지만 그 힘은 우리들 안에도 있다
_ 끝이 좋으면 다 좋아

　이번에는 시간(운명)이 전부가 아니라 그에 대결하는 인간의 힘이 있다는 내용의 대사이다. 의사의 딸인 헬레나는 아버지가 돌아가신 뒤 자신을 거둬주고 보호해준 로시용 백작부인의 외아들 버트램을 사모하게 된다. 그 사랑은 '하늘에 빛나는 별을 사랑하여 결혼하고 싶은 것과 같은' 분에 넘치는 소망이라는 것을 알고 있었다. 하지만 그런 자신을 격려하며 이런 혼잣말을 하고 있다.

　만약 중세인이었다면 첫 문장만으로 충분했을 것이다. 둘째 문장까지 말하는 헬레나는 자아에 눈을 뜬 근대인이라고 하겠다. 셰익스피어의 연극에 등장하는 인물은 악역까지 모두 근대인이다. 나쁜 사람은 운명을 거스르며 자신의 힘을 과신한다. 〈오셀로〉 속 이아고의 대사에도 "이 몸뚱어리가 정원이라고 하면, 그 정원사는 나의 의지이지"라는 말이 있다. 정원사가 무엇을 심든, 아니면 그냥 버려두든 간에 그의 자유이다. 〈리어왕〉의 에드먼드도 인간이란 "불행이 닥치면 대부분은 자신이 초래한 것이면서도 그것을 해, 달 또는 별 탓으로 돌린단 말이지"라고 한다. 이것 역시 근대인의 발상이다.

셰익스피어의 작품에서 자신의 의지로 개척해나가는 사람은 주로 악역이 많다. 그에게 그런 악의 모습에 찬성하는 마음이 어느 정도는 있었다고 하겠다. 그것은 르네상스라고 해도 '질서를 어지럽혀서는 안 된다, 하늘의 뜻을 거역해서는 안 된다'는 생각이 아직 남아 있었기 때문이다. 하극상은 당시 봉건질서에서 보면 나쁜 것이다. 하지만 샤일록도 그렇듯이 왠지 권력에 반기를 드는 자에게 응원을 보내고 싶은 마음도 있다. 반면 착한 사람은 운명을 거스르지 않고 비극에 빠져드는 패턴을 갖는다. 희극에서는 중세의 사랑과 근대의 사랑이 있다. 근대의 사랑은 자기들의 의지로 사랑을 선택한다. 하지만 〈로미오와 줄리엣〉도 자기들끼리 서로 사랑한다는 이유만으로 비극이 된다. 운명의 존재를 인정해도 할 수 있는 노력은 다해야 한다. 하지만 '하늘은 스스로 돕는 자를 돕는다'라는 말처럼 되지는 않는다. 이처럼 셰익스피어는 하나의 사상을 강요하지 않는다.

나는 대학교 2학년 때, 당시 공산주의자가 되겠다고 선언한 '붉은 목사' 아카이와 사카에의 저서를 읽고 그를 무작정 찾아간 적이 있었다. 실례를 무릅쓰고 아카이와에게 "기도란 무엇인가요?"라고 묻자, 그는 이마에 땀을 흘리면서 진지하게 대답을 해주었다. "'이 세상에 평화를 내려주십시오'라는 것은 아니지. '이 세상에 평화가 올 수 있도록 노력하는 저에게 힘을 빌려 주십시오'라고 하는 것이 나의 기도이다."

그 후로도 면회일이었던 목요일에 몇 번 찾아가서 내가 쓴 소설 같은 것을 보여드리기도 했다. 결국 나는 기독교인도 공산주의자도 되지 못했지만 아직도 이 말만은 잊지 않고 기억한다.

15

클레오파트라: 그것이 진정 사랑이라면, 어느 정도의
크기인지 알고 싶어요
안토니: 어느 정도라고 말할 수 있는 사랑은 한낱 비천
한 사랑에 불과하오 _ 안토니와 클레오파트라

막이 오르면 무대는 이집트의 알렉산드리아에 있는 클레오파트라
궁전이다. 두 명의 로마인이 안토니의 클레오파트라에 대한 맹목적
사랑을 비판하면서 "제대로 보시오, 정말 꼴불견이지. 세계를 떠받
치고 있는 세 개의 기둥 중에 하나란 놈이 매춘녀의 비위나 맞추는
광대 꼴을 하고 있으니 말이야"라고 말한다. 그리고 이 장면에 클레
오파트라와 안토니가 등장해서 이 대사를 한다.

정확히 말하면 배경이 된 기원전 40년에 안토니는 43세, 클레오파
트라는 29세였다. 그리고 10년 뒤에 두 사람은 자살한다.

'얼마나 사랑해줄 건가?'(how much)라는 말은 여자의 대사이다.
남자는 이런 식으로 말하지 않는다. 남자는 '내 어디가 맘에 들어 사
랑하는가?'라며 그 이유를 알고 싶어 한다. '얼마나?'라고 물어봐도
이에 대답하기는 힘든데 안토니는 이에 대해 명답변을 한다. 하지만
클레오파트라는 여자이기 때문에 더 추궁을 한다.

"그렇지만 당신의 사랑의 세계를 그 끝까지 전부 확인하고 싶어요."

그에 대해 안토니는 또 멋지게 대답한다.

"그것을 확인한다면 당신은 새로운 세상을 보게 되는 것이오."

클레오파트라의 마음을 모르는 것은 아니다. 나는 젊은 시절 어쩌면 내가 같은 질문을 받을지도 모른다는 생각에 그 답변을 몰래 생각해둔 적이 있다. 미국 작가인 릴리안 헬먼의 〈어린이들의 시간〉에는 40세의 손녀딸이 할머니에게 질문을 하는 장면이 나온다. 손녀가 "나를 얼마나 사랑해?"라고 묻자 할머니는 "세상에 있는 모든 책에 있는 말을 전부 합친 정도"라고 대답한다.

이것을 힌트로 나는 '세상에 있는 모든 숲의 나뭇잎 수만큼'이라고 대답하기로 마음먹고, 그때가 오기만을 기다렸다. 하지만 아직까지 "얼마나 사랑해?"라는 질문을 해준 사람은 한명도 없었다. 어쨌거나 이 두 사람의 사랑의 대화는 정말 멋있다. 특히 안토니의 명답변. 그는 자신의 사랑의 세계는 이 세상에 담지 못할 만큼 광대하다고 단언한다. 하지만 그런 사랑의 세계에 머물러있을 때 로마에서 사자가 온다. 안토니의 부인한테서 온 것인지, 삼두회 중 한명이자 안토니와 대립하고 있던 옥타비아누스한테서 온 것인지는 모른다. 어쨌든 로마에로 귀국을 서둘러달라는 말일 것이라고 생각한 클레오파트라는 토라져버린다. 그러자 안토니가 말한다.

"로마 따위 타이버 강에 잠겨버리라지! 세계를 잇는 제국의 거대한 아치도 다 무너져버리라 그래! 나의 우주는 이곳에 있소. (양손으로 그녀 몸의 윤곽을 그린다.) 왕국 따위는 흙덩이에 불과해, 역겨운 대지는 가축도 인간도 모두 똑같이 길러내지, 인생의 존엄함은 이렇게 해서 얻을 수 있는 것이야. (그녀를 끌어안는다.) 서로 사랑하는 남녀가, 이런 두 사람이, 이렇게 끌어안을 수만 있다면, 나는 전 세계가 인정하게 만들 테야, 우리야말로 비할 바 없이 존엄한 인간이라는 것을."

그리고는 사자를 만나려고도 하지 않는다.

두 사람이 떠난 뒤 처음에 나왔던 두 명의 로마인은 이렇게 속삭인다.

"안토니가 안토니가 아니게 되는 그런 날이 올 거야. 항상 안토니와 함께 있어야 할 위대함이 사라지는 날이."

이때까지 관객들은 두 사람의 사랑의 세계를 내면에서 바라보고 있었다. 그러나 이 장면에서 비로소 그 사랑을 바깥에서 비판적으로 바라보게 된다. 객관화와 감정이입의 절묘한 리듬, 사랑에 빠져 들어가다가도 어느 순간 거기에서 빠져나온다. 이런 상대적인 관점이 셰익스피어의 균형 감각을 훌륭하게 만드는 것이다.

이상 살펴본 것처럼 셰익스피어의 작품에는 그 어떤 것에도 얽매이지 않고 한발 물러선 상대적인 관점에서 인간을, 인생을, 그리고 세계를 바라보는 눈을 느끼게 해주는 대사가 많이 등장한다. 반세기 이상을 그와 함께해온 나 역시도 아직 그를 졸업하지 못한 것 같다.

제2부
셰익스피어
사랑학

❚ 사랑학을 시작하면서

인간에게 마음이 있다면 그것은 사랑하기 위해서다. 만약 사랑을 본능이나 성충동 때문에 일어나는 것으로만 본다면 일시적인 쾌락으로밖에 연결되지 않는다. 사랑은 마음에 따르는 것으로 볼 때, 비로소 영원으로 이어진다. 그리고 기쁨과 슬픔을 비롯한 모든 감정을 만들어내는 원천임을 알게 된다. 셰익스피어는 작품 속에 그 모든 것을 썼다.

극작가로서 윌리엄 셰익스피어(1564~1616)의 이력은 보통 4기로 나눌 수 있다.

제 1기(1590~1594, 26~30세)는 로마극의 영향을 받은 선배 극작가들의 작풍을 별 생각 없이 모방했던 시대이다. 〈리처드 3세〉에서 리처드가 앤을 끈질기게 설득하여 납득시키는 장면(제 1막 제 2장)이나, 〈말괄량이 길들이기〉에서 페트루치오가 말괄량이 처녀 캐서리나와 강압적으로 약혼하는 장면(제 2막 제 1장) 등. 남녀 간의 밀고 당기기가 깊은 인상을 남기기는 했지만, 그것을 '사랑'이나 '순애'라고 말할 수는 없다.

제 2기(1595~1600, 31~36세)는 셰익스피어가 유럽 연극 사상 최초로 사랑을 주제로 한 연극을 쓰기 시작한 시대이다. 대표작으로 사랑의 비극인 〈로미오와 줄리엣〉과 사랑의 희극 〈한여름 밤의 꿈〉 등이 있다. 극작가로서 독자적인 세계를 개척했다고 할 만하다. 2기 후반에는 로맨틱 코미디의 최고봉인 〈뜻대로 하세요〉와 〈십이야〉를 완성했다.

제 3기(1601~1608, 37~44세)는 4대 비극(〈햄릿〉, 〈오셀로〉, 〈리어왕〉, 〈맥베스〉)의 시대이다. 연애관을 포함한 그의 인간관이 더욱 심화된 시대라고 할 수 있다.

제 4기(1608~1611, 44~47세)는 중세 로맨스풍의 분위기로 가득 차 있어 로맨스극으로 불리는 작품들인데, 대표작인 〈겨울이야기〉와 〈템페스트)에 젊은이들의 사랑이 그려져 있다. 그것은 부모(어른)가 자애의 눈으로 바라보는 사랑으로 마치 옛날이야기 같은 느낌을 준다.

2부에서는 2기와 3기의 작품들을 집중적으로 살펴보기로 한다. 사랑을 무언가에 종속되는 것이 아니라 순수하게 사랑 그 자체로 보자. 그리고 30대에서 40대 전반까지 셰익스피어가 성장하고 원숙해져 가는 과정과 궤를 같이 하며 그 연애관도 깊이를 더해갔음을 지켜보자.

십여 년 전, 어느 여자대학에서 강의할 때의 일이다. 나는 젊었을 때 일주일에 한 번 꼴로 실연을 당했다고 말해 학생들을 웃게 한 적이 있다. 자기들은 그렇지 않느냐고 묻자, "우리는 차일 것 같은 상대에게는 애초에 반하지도 않아요"라고 대답하기에, 과연 그렇구나 하고 감탄하는 한편 조금은 씁쓸했던 기억이 난다. 이왕 세상에 태어났으니 스스로 한계를 정하기보다 감정의 껍질을 뚫고 때로는 크게 웃거나 울어보는 것도 좋지 않을까.

언젠가 영화 〈애수〉를 보고 눈물이 채 마르기도 전에 하숙집에 돌아와 "비비안 리에게 반했어"라고 말했다가, 같은 방을 쓰는 녀석이 "그 여자는 로렌스 올리비에 마누라잖아"라고 하던 말에 마음을 접었던 것이 최단기간에 당한 실연이었다.

분명 셰익스피어 덕분에 인간을 좋아하게 된 사람이 많을 것이다. 그런 사람들과 함께 셰익스피어에게 감사하고 싶다.

Chapter 06
셰익스피어의
실제 삶 속 여성상

어머니 메리 아덴

셰익스피어가 실제 삶에서 최초로 알았던 여성은 어머니이다. 이름은 메리 아덴(Mary Arden, ?~1608)으로 그녀에 대한 기록은 자세히 남아있지 않다. 하지만 그의 연극을 보면 우리는 그가 어머니를 사랑했다고 충분히 짐작할 수 있다. 메리 아덴은 그녀가 태어난 생가가 관광코스에 포함돼 있을 정도로 상당히 유복한 농가의 아가씨였다.

메리는 아버지 로버트 아덴과 어머니 아그네스 힐 사이에서 태어났다. 두 사람 모두 재혼으로 아버지에게는 8명의 딸, 어머니에게는 아들과 딸이 각각 2명씩 있었다. 메리는 재혼 후 태어난 막내딸이었다.

그녀는 유복한 아덴 가의 막내딸로 분명히 사랑을 듬뿍 받으며 자랐을 것이다. 따라서 자식들에게도 사랑을 많이 주는 다정한 어머니였다고 추측할 수 있다. 그녀는 셰익스피어의 아버지인 존 셰익스피어와 결혼해 8명의 아이를 낳았다.

남편 존은 성공한 상인으로 읍장이 되기도 했지만 뒤에 경제적으로 몰락하는 바람에 파란만장한 생애를 보낸 인물이다. 그렇다 해도 장남인 셰익스피어는 애정을 쏟아 자유롭게 길렀던 것 같다. 희극 〈뜻대로 하세요〉의 주 무대는 가공의 장소로 아덴의 숲이라고 불린다. 바로 어머니 메리 아덴의 이름에서 따온 것이다.

셰익스피어의 작품 속에는 다양한 캐릭터의 어머니가 등장한다. 그 중 가장 유명한 인물은 〈코리올레이너스〉에 나오는 볼럼니아다. 코리올레이너스는 목숨을 걸고 로마를 지켜왔지만 호민관들에 의해 추방당하고 만다. 그는 복수를 위해 고트족을 이끌고 로마를 공격해 온다. 이때 볼럼니아가 때로는 타이르듯 때로는 매달리듯 엎드려 울며 설득한다. 결국 코리올레이너스는 로마를 멸망시키려는 계획을 포기하고 물러간다. 볼럼니아는 엄하지만 아들을 자랑스럽게 생각하고 사랑하는 어머니이다.

다음은 〈끝이 좋으면 다 좋다〉에 등장하는 로실리온 백작의 어머니이다. 친딸처럼 귀여워하던 헬레나가 자신의 아들을 사랑한다는 사실을 알고 둘을 맺어주려고 한다. 아들이 헬레나를 버리고 이탈리아로 가버려도 끝까지 둘을 이어주려고 한다. 자식에 대한 사랑이 넘치는 인물이다.

〈리처드 3세〉에 나오는 요크 공작부인은 리처드 3세의 어머니로

자식과 손자들을 사랑하는 애정 넘치는 인물이지만, 리처드가 악행을 거듭하자 비탄에 잠기게 된다.

셰익스피어 시대에는 여배우가 없었다. 따라서 모친 역을 맡은 배우는 모두 남자였다. 여배우가 등장한 것은 레스터레이션(왕정복고기)이라고 불리는 셰익스피어의 다음 시대였다. 17세기 후반에서야 비로소 여배우가 탄생한다.

어린 아가씨인 줄리엣이나 오필리아는 변성기 이전의 소년 배우가 연기했다. 코리올레이너스의 어머니인 볼럼니아는 소년이 맡기에는 연령적으로 다소 무리가 있었기 때문에 어른 남자 배우가 연기했을 것이다. 또한 〈맥베스〉에 나오는 마녀 같은 역할은 상당히 연배가 있는 배우가 맡았을 것이다. 하지만 당시에는 이런 노파 역을 전문으로 하는 배우가 드물었다. 그리고 거트루드나 맥베스 부인 등 어른 여자 역도 가끔 등장하는데, 아마도 변성기 전의 소년 배우 중에 어른 여자 역을 할 수 있는 배우가 있었으리라고 짐작된다.

자매, 형제들

다음은 셰익스피어의 자매, 형제들이다. 셰익스피어는 8형제 중셋째로 장남이다. 위로 장녀 조안과 차녀 마가렛이란 누나 두 명이 있었지만 셰익스피어는 보지 못했던 듯하다. 셰익스피어가 태어났을 때(1564년) 두 사람 모두 이미 죽었다고 여겨지기 때문이다. 장녀가 죽은 해는 정확하지 않지만 1559~1560년 무렵으로 짐작된다. 차녀는 1563년 매장된 것이 확인됐다.

다음으로 남동생이자 차남인 길버트가 있고 여동생이자 셋째 딸인 조안이 있다. 이 여동생만이 셰익스피어보다 오래 살았다. 조안은 모자가게를 하는 윌리엄 하트와 결혼하여 4명의 아이를 낳았다. 셰익스피어는 유언장에서 이 여동생에게 상당한 재산을 남겼다. 이러한 사실로 미루어 여동생을 상당히 아끼고 배려했음을 알 수 있다.

그리고 넷째 딸과 두 명의 남동생도 일찍 죽었다. 셰익스피어는 52세 생일 무렵에 죽었지만 생전에 어머니나 여동생과 무척 절친했을 것이다.

셰익스피어는 장남으로서 동생들을 돌보면서 컸다. 그런데 다들 차례로 죽고 단 한 명의 여동생만 남았다. 셰익스피어가 죽을 때 재산을 여동생에게 남긴 마음이 충분히 짐작된다.

부인 앤 해서웨이

셰익스피어 본인의 실제 인생에서 가장 중요한 여성이라면 역시 부인 앤 해서웨이(Ann Hathaway)다. 앤은 워릭셔의 부유한 농가에서 태어났는데, 그 생가는 지금도 남아 있다.

당시에는 결혼예고라는 풍습이 있었다. '누가 누구와 결혼한다. 이의 있는 사람은 말하라'라고 하는 고지를 일요일마다 교회 앞에 대개 3번(3주 동안) 내걸고 이의신청이 없으면 결혼을 인정하는 것이다. 그런데 셰익스피어는 1582년 11월 25일에 첫 번째 결혼예고를 내고 한 번으로 끝낼 수 있는 허가를 받았다. 어지간히 서둘렀던 모양이었다.

원래 12월 2일부터 크리스마스까지 4주 동안은 결혼식을 하지 않는 것이 관습이었다. 따라서 결혼식은 11월 29일부터 12월 1일까지의 3일 중 어느 하루에 해야 했다. 두 사람이 결혼했을 때 셰익스피어는 18세, 앤 해서웨이는 26세였다. 부인이 8세 연상이었다. 그 후 5개월 조금 지나 장녀 수잔나가 태어났으니 서둘렀던 이유가 분명해졌다. 덧붙이면 26세에 초혼은 당시에는 거의 드문 일이었다. 때문에 확인되지는 않았지만 앤 해서웨이가 미망인이었으리라는 설도 있다.

이들 셰익스피어 부부의 불화설, 또는 앤 해서웨이의 악처설은 예전부터 있었다. 그 근거를 살펴보면 다음과 같다.

● 사랑하지 않았는데 아이가 생겨서 결혼했다.

● 처자식을 고향에 남겨두고 런던 연극계에 들어가 자신의 일에만 몰두했다.

결혼하고 장녀 수잔나가 태어났다. 그 뒤 셰익스피어가 20세 때 남녀 쌍둥이가 태어났다. 장남 햄네트와 차녀 주디스다. 그리고 23세쯤 셰익스피어는 처자식을 고향에 남겨두고 런던으로 떠나 연극인이 된다. 배우를 하면서 글도 잘 썼기 때문에 조금씩 작가 쪽으로도 노력을 하게 됐으나, 마지막까지 배우로도 활동했다.

- 극 속에 여성 불신과 유부녀의 불륜을 많이 다루고 있다. 이는 부인이 악처였기 때문이 아닐까.

- 결정적인 증거로 들 수 있는 것은 셰익스피어가 죽을 때 남긴 유언장의 내용이다. 자신의 핏줄, 친구들, 런던 극단의 동료에게조차 아주 적은 돈이라도 유산을 남겼다. 부인 앤에게는 '두 번째로 좋은 침대 및 그 부속품'을 주라고 유언장의 마지막에 적혀 있었다. 부속품이란 당시 침대에 기둥을 세우고 커튼으로 둘러싸도록 했는데 그것들을 말한다. 그것밖에 적혀 있지 않았다는 것은 부인에게 너무 냉정하다고 할 수 있다.

- 게다가 셰익스피어의 묘비명에 '묘석을 움직이지 마라'고 되어 있어, 그의 사후 7년 뒤에 앤이 남편과 함께 매장되기를 바랐지만 허용되지 않았다.

이상이 주된 이유지만 다음과 같이 그에 반대하는 의견도 있다.

● 이른바 '속도위반 결혼'이지만 사랑했기 때문에 아이가 생겼다고 봐야 옳다. 당시에는 사람들 앞에서 하는 결혼과 신 앞에서 하는 결혼이 있어 전자만으로 끝냈을지도 모른다. 정식 결혼은 신 앞에서 하는 것이다. 때때로 사람들 앞에서 거짓으로 결혼하는 경우도 있었지만.

● 고향에 처자식을 남겨두고 런던으로 간 것은 영국 역사를 조금 알면 충분히 이해할 수 있다. 당시에는 울타리치기 운동(인클로저 운동)이 유행해 지방에서 런던으로 혼자 일하러 가는 사람이 많았다.

농토에서 밀을 생산하는 것보다 땅을 막고 양을 방목하여 양모를 생산하는 것이 훨씬 이익이 높아 울타리치기 운동이 널리 퍼져 나갔다. 따라서 시골에서 살기 힘들어진 소작농들이 런던으로 나갔던 것이다.

셰익스피어가 희곡을 쓸 때 런던의 인구는 20만 명을 넘었다. 당시, 유럽에서 20만 명을 넘는 곳은 프랑스 파리와 네덜란드 암스테르담과 런던, 이 세 곳밖에 없었다. 그 정도로 런던에는 많은 사람들이 모여 들었다. 하지만 도시는 물가가 높아 생활이 어려웠다. 그렇기 때문에 당시 고향에 처자식을 남겨두고 런던으로 나와 돈을 버는 것은 지극히 당연한 일이었다.

그리고 한 가지 더, 개인적인 생각이지만 그처럼 대단한 재능을 가진 인물이었기 때문에 성공을 위해 처자식을 고향에 남겨두고 런던에 나오지 않았을까. 그런 마음도 이해할 수 있을 것 같다.

- 여성 불신뿐만 아니라 여성을 찬미하는 대사와 남성 불신의 대사도 많이 있었다. 예를 들면 유명한 〈햄릿〉의 대사 중 "약한 자여, 그대 이름은 여자이니라(Frailty, thy name is woman)"가 있다. 〈햄릿〉의 대사가 유명한 것은 여자를 바람둥이처럼 표현하고 있지만 남자 또한 바람둥이다. 셰익스피어의 전체 작품에서 살펴보면, frail, frailty를 '마음이 변하기 쉬운'이란 의미로 사용한 사가 20여 회 있는데, 그 문장의 주어는 남녀가 딱 반반이다. 그렇기 때문에 앤이 악처였다고 말할 수는 없다.

- 그리고 가장 큰 골칫거리인 유언장이 있다. 하지만 당시에는 특별히 유언으로 쓰지 않아도 남편이 죽을 경우 재산의 3분의 1은 부인의 것이 된다는 법률이 있었다. 자신이 죽더라도 부인의 노후를 걱정할 필요가 없었기 때문에 굳이 언급을 하지 않았을 수도 있다. 이왕이면 두 번째로 좋은 침대가 아닌 가장 좋은 침대를 줬으면 좋았겠지만 가장 좋은 침대는 손님용이었을 수도 있다. 이것은 개인적인 생각이지만 셰익스피어가 유언장에 그다운 유머를 더해서 썼다는 생각이 든다. '두 번째로 좋은 침대 및 그 부속품'이라고 쓰고는 장난스럽게 웃고 있는 그의 모습이 떠오른다.

● 마지막으로 묘비명의 문제도 부인을 거부한 것이 아니라 편안하게 잠들고 싶었을 뿐일 수도 있다.

이상으로 미뤄 볼 때, 부부 불화설은 성립되지 않는다고 생각한다. 부인이 8살 연상이라 여러 가지로 거북한 일들은 있었을 것이다.

딸들-수잔나, 주디스, 손녀 엘리자베스

장녀 수잔나는 1583년, 즉 셰익스피어가 19세 때 태어났다. 그리고 20세에는 장남 햄네트와 차녀 주디스 남녀 쌍둥이가 태어났다. 쌍둥이의 이름은 근처에 사는 부부(햄네트 새들러, 주디스 새들러)가 지어줬다. 이웃과 사이도 나쁘지 않았던 것 같다. 햄네트는 11세 때 죽고 딸들은 건강하게 살아남았다.

셰익스피어가 〈로미오와 줄리엣〉을 쓴 31세였을 때 장녀 수잔나는 12세로 한창 귀여운 시기였다. 〈햄릿〉을 발표했을 때는 18세가 되었다. 이제는 마냥 귀여울 수만은 없는 한 사람의 여성이 되어 아버지와는 다른 생각을 가진 존재가 되기 시작한다.

셰익스피어가 43세 때 수잔나는 24세의 나이로 의사인 존 홀과 결혼한다. 그러므로 셰익스피어는 약초 등의 일반 의학 지식은 사위를 통해 얻었으리라 짐작된다.

예를 들어 〈맥베스〉에서 맥베스 부인이 몽유병에 걸린다. 당시 몽

셰익스피어의 연령으로 본 작품과 부녀관계

	윌리엄(1564년생)	장녀 수잔나(1583년생)	차녀 주디스(1585년생)
타이터스 안드로니커스 (1590)	26세	7세	5세
로미오와 줄리엣 (1595)	31	12	10
한여름 밤의 꿈 (1595)	31	12	10
햄릿 (1601)	37	18	16
오셀로 (1603~1604)	39~40	20~21	18~19
리어왕 (1605~1606)	41~42	22~23	20~21
	43	24 결혼 (1607)	22
	44	25 손녀탄생 (1608)	23
페리클레스 (1607~1608)	43~44	24~25	22~23
심벨린 (1608~1610)	44~46	25~27	23~25
겨울이야기 (1611)	47	28	26
템페스트 (1611)	47	28	26
	52세 사망 (1616)	31세	31세 결혼 (1616)

유병과 광기는 다른 것이라고 의학적으로 증명됐다. 셰익스피어는 그런 사실을 알고서 구별했다고 생각한다.

44세에 손녀가 태어난다. 이름은 엘리자베스라고 불리지만 셰익스피어의 정식 가계는 이 손녀가 마지막이다. 엘리자베스도 결혼과 재혼을 하지만 아이는 낳지 못했다.

차녀 주디스는 셰익스피어가 죽고 나서 결혼했다. 남자아이를 3명 낳았지만 모두 일찍 죽었다. 17세기 후반, 윌리엄 다비넌트라는 인물이 윌리엄 셰익스피어의 사생아라고 자칭했지만 증거는 없다.

작품 속의 부모와 자식, 특히 부녀 관계에서는 실제 인생에서 아버지로서의 마음이 많은 영향을 끼쳤을 것이라고 생각한다.

소네트의 다크 레이디

또 한 가지 문제가 되는 것으로 셰익스피어의 소네트(14행 시)가 있다. 엘리자베스왕조 소네트라고 불리는 셰익스피어의 시는 4행, 4행, 4행, 2행으로 총 14행이다. 셰익스피어는 이 소네트를 모두 154편 썼다. 그 대부분은 시인과 그의 후원자인 귀족, 그리고 다크 레이디라고 불리는 시인의 연인에 대한 이야기이다.

처음에 시인이 후원자인 귀족에게 "결혼은 좋은 것이니 결혼하세요"라고 권한다. 하지만 결국 자신의 연인을 그 귀족에게 빼앗기고 마는 내용으로 그를 원망하며 끝난다. 이 시인의 연인이 바로 다크 레이디이다. 그녀가 현실 속 셰익스피어의 애인을 모델로 했다는 설은 상당히 널리 퍼져 있다.

다크 레이디란 남유럽계의 여성으로 피부색이 살짝 검고 검은 머리, 검은 눈동자를 가졌다. 그리고 북유럽계의 피부가 희고 푸른 눈에 금발인 여자는 페어 레이디라고 한다. 햄릿의 연인인 오필리아는 덴마크 사람이므로 페어 레이디이다.

그런데 셰익스피어의 소네트에 나오는 시인의 연인은 모두 다크 레이디이다. 수수께끼의 여인이라 불리는데, 후보자가 7명 정도 있다. 20세기 초 극작가 버나드 쇼는 〈더 다크 레이디 오브 더 소네트〉(1693)라는 희곡을 쓰기도 했다.

이것을 어떻게 생각해야 할까. 그녀는 셰익스피어의 연인이다. 소네트의 시인은 셰익스피어 자신이었으며 셰익스피어에게도 귀족 후원자가 있었다. 자신의 상황을 소네트로 만든 건 아닌가 하는 설도 있지만 반쯤은 장난으로 쓴 것이라고 생각한다. 소네트는 헤이안시대의 소몬가(相聞歌, 이성을 연모하는 노래), 즉 연가와 비슷한 것으로 실제로 반한 상대는 없어도 문학 놀이로 만든 사랑 노래라고 하겠다. 셰익스피어 자신의 실제 체험이 전혀 없었다고는 할 수 없겠지만 시인이 자신의 마음을 그대로 소네트에 썼다고 보기는 힘들다. 다만 셰익스피어도 술을 좋아했기 때문에 동료들과의 술자리에서 바람기를 발휘한 경험도 있었을 것이다. 그것을 소네트의 소재로 썼다고 해서 진실 고백으로 받아들일 필요는 없다고 생각한다.

셰익스피어는 실제 삶에서 다양한 여성과 관계를 가졌을 것이며, 그 마음의 움직임을 통해 그의 작품에 등장하는 여성들이 리얼리티를 얻고 있는 것은 확실하다.

Chapter 07
질주하는 청춘의 사랑

로미오와 줄리엣

불행한 운명의 연인

〈로미오와 줄리엣〉의 첫머리. 원수 집안의 자식으로 불행한 운명 속에 태어난 연인에 대해 노래하고 있다.

"이 원수지간의 숙명 속에서
불행한 한 쌍의 연인이 태어난다.
그 연인들의 애처롭고 불행한 파멸은
죽음으로 두 부모들 간의 갈등을 파묻어 주네.
죽음으로 끝을 맺는 그들의 처절한 사랑의 행로와
자식들의 죽음에서야 사그라지는 부모들의 길고 긴 분노."

앞으로 전개되는 이야기가 운명에 농락당하는 인간의 비극임을 예측하게 한다.

운명이란 사전적 의미로는 '인간의 의지와 상관없이 사람에게 다가오는 길흉화복. 그것을 불러온 인간의 힘을 뛰어넘는 작용'이다. 따라서 불행한 운명 아래 태어났다면 인간은 반드시 운명에 지는 것이다. 이것은 그리스시대부터 변치 않는 진리다.

그렇지만 그리스 비극인 소포클레스의 〈오이디푸스왕〉*과 같다면 이제 주인공은 분명 운명과 싸우게 될 것이다.

그에 비해 르네상스시대가 되면 인간은 부친이나 가족, 인습 등과 싸우게 된다. 싸움에 나서는 것은 젊은이의 사랑이며 자유가 되는 식이다.

〈로미오와 줄리엣〉은 베로나라는 도시를 무대로 몬태규 가와 캐플릿 가 두 집안이 선조대대로 대립하며 싸워온 이야기이다. 그것을 셰익스피어가 연극화했다. 두 집안 모두 베로나에서는 명문가로 불리고 있지만 귀족은 아니었다. 부르주아(당시에는 시민계급의 최고 명문)라고 생각하면 된다. 줄리엣을 처음 본 사람은 패리스 백작이다. 그는 줄리엣을 자신의 신부로 달라면서 청혼했다. 줄리엣의 아버지 캐플릿에게는 매우 반가운 일이었다.

셰익스피어가 살았던 르네상스시대에는 갑자기 시민계급의 세력이 막강해졌다. 중세 봉건시대에는 봉건 귀족끼리 서로 싸웠기 때문에 막대한 비용이 들었다. 게다가 전쟁에서 져 포로가 되면 몸값을

---

* 오이디프스왕 그리스 신화에 나오는 테베의 왕, 신의 저주에 걸린 채 태어나 아버지를 죽이고 어머니를 부인으로 얻는다. 그 깊은 죄업에 괴로워하다 스스로 양쪽 눈을 파고 방랑의 여행을 떠나 죽는다.

지불해야만 했기 때문에 더욱 궁핍해진다. 따라서 봉건 귀족 사이에서도 경제적인 격차가 벌어져 가난한 귀족이 생겼고, 이를 시민계급의 부자가 도와줬다. 이러한 경제적 이유 탓에 흔하지는 않았어도 시민계급과 귀족계급 사이에 결혼을 하는 일이 있었다. 셰익스피어의 시대는 그런 때였다.

캐플릿 입장에서 보면 명문가의 백작인 훌륭한 남자가 외동딸을 달라고 했으므로 경사스러운 일이 아닐 수 없다. 그래서 줄리엣에게 "네가 내 것이라면 내가 말하는 남자, 패리스 백작과 결혼하거라"라고 말한다. 하지만 이때 줄리엣은 로렌스 신부 앞에서 이미 로미오와 결혼했다. 만약 패리스와의 결혼을 받아들이면 중혼죄를 저지르게 되는 것이므로 당연히 거절해야만 한다.

여기서 문제는 'mine'이라는 말이다. '내 것, 나의 것'이란 의미다. 이 말은 극에서 다양한 형태로 등장한다. '딸은 아버지의 것'이라는 뜻이다. 당시 유럽은 남성 중심 사회로 남자는 일하고 여자는 가정을 지켰다. 아버지 입장에서 보면 딸은 자신의 소유물, 즉 자기 것이다. 아들의 경우에는 자신의 뒤를 잇게 하려고 제대로 된 교육을 받게 했다. 결혼을 할 때도 딸은 "내 것이라면 내가 하는 말을 들어"라며 아버지가 골라주는 상대와 해야 한다. 중세에서 르네상스로 시대가 바뀌고 엘리자베스 여왕의 시대가 되자 여자를 천하게 취급하지는 않았지만 여전히 중세의 보수적인 남녀관이 남아 있었다.

그렇다면 아들의 경우는 어떨까. "저 아들은 내 것이니까"라고 말한 예는 한 번도 없다. 한 사람의 독립된 인격체로 생각하는 것이다.

하지만 딸의 경우에는 자신의 소유물이라고 생각한다. 지금과는 많이 다르지만 당시에는 그랬다는 것을 염두에 둬야 할 것이다. 셰익스피어는 그런 시대감각을 민감하게 잡아내 글로 썼다.

하지만 결국 줄리엣은 아버지의 뜻을 거스르고 로미오와의 사랑을 지키려는 바람에 비극으로 끝난다. 현대가 아닌 르네상스시대였기 때문에 딸이 아버지를 거스르면 비극이 되는 것이다.

생명을 단축시키는, 질주하는 사랑

청춘의 연애는 질주하는 사랑이다. 그 실마리로 〈로미오와 줄리엣〉의 토대가 된 이야기가 있다. 마테오 반델로라는 사람이 쓴 이탈리아 소설로 처음엔 프랑스어로, 다음엔 영어로 번역됐다. 영어로 번역한 사람은 두 명으로 그 중 한 명인 아서 브룩은 〈로미우스와 줄리엣의 슬픈 이야기〉라는 긴 서사시의 형태로 번역했다.

셰익스피어는 이 책을 토대로 삼은 것이 확실하다. 아서 브룩은 이 책을 번역한 이유로 "이처럼 부모의 뜻을 거스르고 자기 멋대로 사랑을 향해 달려가는 것은 도덕적으로 나쁜 일이다. 그렇기 때문에 비극으로 끝나고 만다"라는 사실을 젊은이들에게 경고하기 위해서라고 했다.

따라서 〈로미오와 줄리엣〉을 도덕적으로 볼 때 부모의 뜻을 거스르니 괘씸하다는 것이 당시의 일반적인 반응이었다. 자식은 반드시 부모가 하는 말에 따라야만 한다. 하지만 시대가 바뀌었기 때문에 부모의 말이 너무 비인간적이라면 그에 거스르는 자식들을 응원하고 박수쳐 주고 싶다는 생각이 일반 대중 사이에 서서히 퍼져갔다. 따라서 셰익스피어는 경고가 아닌 사랑 그 자체를 호소한 것이다.

그리고 원작은 전체 시간이 9개월이지만 셰익스피어의 작품에서는 4~5일 정도로 압축됐다. 사실은 이것이 바로 '질주하는 사랑'을 만들어냈다. 또한 줄리엣도 아서 브룩에 따르면 16세지만 셰익스피어의 경우는 2주 후 14세가 된다는 설정으로 더욱 극적으로 만들었다. 그런데 그 4~5일이란 것이 사실 모호하다.

우선 제 1막 제 1장에서 제 2막 제 2장까지가 모두 일요일에 일어난 일이다. 두 사람이 가면무도회에서 처음 만나고 곧바로 그 유명한 발코니 장면으로 이어진다.

그리고 로미오는 줄리엣의 마음을 알고 나서 다음날인 월요일 아침 일찍 로렌스 신부에게 알리러 간다. 그리고 그날 오후 몰래 결혼을 한다. 결혼을 한 뒤 로미오는 거리에서 일어난 싸움에 휘말려 줄리엣의 사촌오빠인 티볼트를 죽이고 만다. 그리고 그날 첫날밤을 맞이한다. 로미오는 다음날 아침 해가 뜰 때까지 베로나에 머무르면 사형을 당하게 된다. 그래서 아쉬운 작별을 할 수밖에 없다.

일요일 밤에 만나 다음날인 월요일에 결혼을 하고 첫날밤을 보내고 화요일 이른 아침에 헤어진다. 화요일에 줄리엣의 부모는 패리스 백작과의 혼담을 들고 온다. 그것을 이번에는 줄리엣이 로렌스 신부를 만나 가사상태가 되는 약을 받고 그날 밤 약을 먹는다.

이 또한 시간적으로 굉장히 엉성하다. 약을 먹으면 42시간 가사상태가 된다고 한다. two and forty hours. 셰익스피어의 생전과 사후에 나온 모든 작품에서도 42시간이다. 하지만 심야에 마시고 다시 살아난 것이 심야라는 전개는 24시간이었다면 모를까 42시간이라면 맞지 않는다.

어쨌든 줄리엣은 다음날 아침 오전 3시쯤 약을 먹는다. 이는 대사에 나와 있다.(제 4막 제 4장) 캐플릿 가에서는 줄리엣과 패리스를 위한 결혼식 준비가 한창이다. 그리고 아침 해가 떠올랐을 때 깨우려고 봤더니 가사상태가 되어 있었다.

여기서부터 다시 모호해지지만 일단 장례식이 행해진다. 그것을 로미오의 하인이 로미오에게 알리러 간다. 줄리엣은 영묘에 안치되는데 그곳에 달려와 줄리엣이 죽었다고 생각한 로미오는 스스로 독을 마시고 죽는다. 되살아난 줄리엣은 그 사실을 알고 자살한다. 이로써 4일 째라고 볼 수 있지만 로미오의 대사 중에(제 5막 제 3장) 장사를 지내고 이틀이나 지났는데 방금 죽은 것처럼 따뜻하다는 부분이 있다. 줄리엣은 되살아난 후 단검으로 자살한다. 따라서 이틀이 지났다고 하면 목요일이 되고 만다. 그렇기 때문에 이것이 5일에 걸친 것인지, 잘못 알고 이틀이라고 말한 건지 정확하지는 않지만, 결국 연극 전체는 4~5일로 들어맞는다.

사랑을 사랑한다

로미오가 처음 등장했을 때 그는 로잘린이라는 여자를 사랑하고 있었다. 하지만 로잘린은 여자수도원에 들어가기 위해 남자와의 만남을 거부한다. 그래서 로미오가 고민하는 데서부터 극이 시작된다.

줄리엣은 패리스 백작과 혼담이 있다. 부모는 기뻐하며 줄리엣도 받아들일 것으로 생각한다. 로잘린에게 빠져 있을 때 로미오는 옥시모론(oxymoron), 즉 모순어법(형용모순-'검은 눈[雪]' '뜨거운 얼음'처럼 원래 성질과는 다른 모순된 의미의 형용사를 붙이는 것)을 써서 다음과 같이 말한다.

> "오, 싸우는 사랑, 사랑하는 미움!
> 오, 무(無)에서 창조된 유(有)라!
> 오, 무겁고도 가볍고, 진실한 허구!
> 겉으로 보기엔 근사하나, 꼴 보기 싫은 혼돈!
> 납덩어리의 솜털, 번쩍이는 연기,
> 차가운 불덩어리, 병든 건강, 눈 떠 있는 잠,
> 그것이 아닌 그것!
> 이제 내가 느끼는 사랑이니,
> 어디 이전 사랑에 만족할 수 있어야지. 우습잖아?"

(제1막 제1장)

'느끼는'과 '이전 사랑'이라는 것은 원문으로 봐도 분명 익살이 담겨 있다. 로잘린에게 빠져 있을 때는 이렇게나 형용모순과 익살로 말을 늘어놓으며 자신의 사랑을 사촌이자 친구인 벤볼리오에게 이야기한다. 요컨대 말이 많다.

그런데 진정한 사랑, 즉 가면무도회에서 줄리엣을 만나 진정한 사랑을 하게 되자 말수가 적어지고 친구들도 피한다. 머큐시오와 벤볼리오 두 친구가 나오라고 하는데도 아랑곳없이 발코니 신으로 넘어간다.

사랑만을 사랑할 때는 형용모순을 늘어놨지만 진정한 사랑을 하면서는 친구들에게도 입을 다물어 버린다. 이런 부분을 셰익스피어는 틀림없이 계산했을 것이다.

발코니 신(제 2막 제 2장)

그리고 드디어 발코니 장면, 먼저 줄리엣의 독백으로 시작한다.

"아아, 로미오, 로미오, 그대는 왜 하필 로미오인가요?
아버지를 버리고 가문의 이름을 거부하세요.
그대가 그럴 수 없다면 다만 날 사랑한다고 맹세해 주세요.
그러면 제가 캐플릿이라는 이름을 버리겠어요.
그대 이름만이 나의 원수일 뿐.

그대가 몬태규든 아니든 그대는 변함없이 그대인 걸요.

몬태규가 별 것인가요?

몬태규는 손도 발도 아니고 팔도 얼굴도 아니며

몸 어디에 붙어 있는 것도 아니에요.

아, 다른 이름을 가지세요. 이름이 별 것인가요?

우리가 장미라 부르는 것은 어떤 이름으로 불리든

그 향기에는 변함이 없지 않아요?

로미오 역시 로미오라고 불리지 않아도 간직하고 있는

미덕은 어디 가는 것이 아니잖아요.

로미오, 그대 이름을 버리세요.

그리고 그대와 아무 상관없는 그대 이름 대신

내 전부를 가져가세요.”

줄리엣은 사랑을 함으로써 이름과 실체가 서로 별개라는 것을 발견한다. 보통은 이름과 실체는 같은 것으로 생각한다. 그렇기에 사람들이 '술'을 달라고 했는데 '물'을 갖다 주면 화를 낸다. 줄리엣은 몬태규라는 이름과는 관계없는 실체(로미오)에 반했다고 한다. 거기서 16행의 대사 안에 영어 원문을 보면 name이 7번 title이 한 번 나온다. 따라서 명사로 이름이란 의미가 16행에서 8번 나온다. 그 외에 무엇 무엇으로 불린다고 하는 called 등을 포함해 총 11번이다. 왜 그렇게 이름에 집착하는가. 이름과 실체가 서로 다른 것임을 발견했기 때문이다.

만약 로미오에 대한 사랑이 없었다면 결국 부모의 눈으로 본 현상을 그대로 받아들였을 것이다. 부모가 "패리스 백작과 결혼하는 것이 어떠니?"라고 물으면 줄리엣도 "네, 받아들일게요"라고 대답했을 것이다. 그런데 로미오를 만나 진정한 사랑을 알았기 때문에 결국 부모로부터 독립하여 자신의 눈으로 선택한다. 이것이 발코니 신에서 가장 중요한 점이다.

다음으로 발코니 신에서 살펴볼 점은 사랑을 알게 된 줄리엣이 혼자 이야기하는 대사이다.

"그리고 로미오님,

진정으로 저는 당신을 무척이나 사랑하고 있어요.

당신은 저를 경박한 여자라고 생각하실지 모르지만,

믿어주세요.

저는 서먹한 척 농간을 부리는 여자보다 더

진실함을 보여 드릴 테니까요, 정말이에요.

참다운 사랑의 고백을 저도 모르게

당신께서 엿듣지만 않으셨다면,

정말 저는 좀 더 서먹하게 해 드렸을 거예요.

그러므로 용서해 주시고 행여나 들뜬 사랑에서

이토록 제 마음을 허락한 것이라고 꾸짖지 마세요.

도리어 한밤의 암흑 때문에 탄로가 나 버린 사랑이니까요."

사랑을 하면 자신을 보는 눈이 솔직하고 겸허해진다는 것을 잘 알수 있다. 정말로 사랑할 때 젊은이들은 이렇게 된다.

"당신이 반갑기는 하지만 오늘밤 맹세는 싫어요.
너무 느닷없고 너무 경솔하고 너무 뜻밖이라서
'저것 봐'라고 말할 새도 없이 사라져버리는
번갯불 같아요."

이것도 줄리엣의 대사이다. 오늘밤 맹세는 싫다고 말하는데 실제로 그 결과 비극이 된다. 그녀는 이 사랑의 덧없음과 안타까움을, 빛났다고 생각한 순간에 사라져버리는 번개에 비유한다. 여자의 직감으로 꿰뚫어 보고 감지한 것이다. 반면 남자에게는 이러한 감각이 별로 없다고 생각한다.

상대방의 마음을 알았을 때 로미오는 지상에서 하늘을 향해 이렇게 말한다.

"오, 정말 축복 받은 밤이로구나!
오히려 두렵기까지 하군.
지금은 밤, 이게 모두 꿈이 아닐는지.
너무 달콤해서 사실이 아닌지도 몰라."

그러자 줄리엣이 발코니에서 아래쪽 정원을 향해 이렇게 말한다.

"진정 당신의 애정이 거짓 없고 결혼할 생각이라면

내일 사람을 보내도록 하겠으니,

어디서 또 언제 식을 올리겠는지 말씀해 주세요."

로미오는 결혼 같은 것은 전혀 생각하고 있지 않았다. 연인의 마음이 자신의 것이 됐으니까 "오, 정말 축복 받은 밤이로구나!"라며 만족하고 있다. 그런데 줄리엣은 연인이 자신을 사랑한다면 결혼을 생각해 주길 바란다고 먼저 말한다.

이것을 무대에서 보면 로미오는 아래 에, 줄리엣은 2층 발코니에 있다. 따라서 로미오의 말은 밑에서 밤하늘을 향해 올라가기 때문에 몽상가나 로맨티스트와 같은 대사가 된다. 반면 줄리엣의 대사는 위에서 아래를 내려다보며 언제 결혼해 줄 것인지를 묻는 행동적인 리얼리스트의 어조가 되는 것이다.

그 모든 것을 포함해 여기에서는 남자와 여자의 마음의 차이가 확연히 드러난다. 남자는 사랑하는 것만으로 일단 충족된다. 결혼까지 가려면 한 단계 더 비약이 필요하다. 집을 장만하고 부인과 아이들을 먹여 살려야 하는 책임도 있다. 하지만 여자는 그렇지 않다. 오로지 질주하기 때문에 사랑에서 결혼까지 일직선이다.

이 밖에도 몇 개의 예가 더 있지만 발코니 신에서 가장 상징적으로 나타나고 있다. 줄리엣이 잇달아 말하며 완전히 주도권을 쥐고 있다. 로미오는 그다지 말수가 많지 않다. 줄리엣이 한발 물러나면 그제야 자신의 기분을 말한다.

"연인을 만나러 갈 때는

하교하는 학생들처럼 설레지만,

연인과 헤어질 때는

침울한 낯으로 등교하는 것 같군."

셰익스피어는 학교에 가기를 정말 싫어했던 것 같다. '연인을 만나러 갈 때는 하교하는 학생들처럼 설레지만'이라고 했다. 이것은 상당히 소박하다고 할까 시인답지 않은 유치한 비유이다. 따라서 이 비유는 지성(知性)이라기보다 '유치함'이라고 할 수 있다. 로미오에게는 어딘지 어리고 유치한 구석이 있다. 반면 줄리엣은 결혼까지 생각하고 있으므로 훨씬 어른스럽다.

예를 들어 연인과 헤어질 때도 그를 귀여운 작은 새에 비유한다.

"벌써 날이 새나 봐요. 이젠 돌아가세요.

하지만 멀리 가지 마세요.

장난꾸러기는 손에서 새를 좀 늦춰 놓았다가도

너무 사랑하는 탓에 새의 자유가 샘이 나서

사슬에 얽힌 불쌍한 죄수같이

비단실을 다시 잡아 당긴다나요."

연인을 다리에 끈을 묶어두고 살짝만 날아가도 바로 끈을 당기면 자신에게 돌아오는 그런 새와 같다는 비유를 쓰고 있다. 꽤나 시적인 표현이다. 그에 비해 로미오, 즉 남자는 그처럼 유치해진다.

어른의 눈으로 본 젊은이의 사랑

발코니 신이 끝난 뒤, 두 사람의 사랑을 어른들은 어떻게 볼까.

로렌스 신부(로미오의 정신적 가정교사나 다름없는 인물)는 소식을 알린 다음에 로미오가 뛰어가려는 것을 보고 '천천히 정신 차리고, 너무 빨리 달리면 넘어진단 말이야'(제 2막 제 3장)라고 한다.

이것은 어른의 관점에서 청춘의 날뛰는 사랑, 질주하는 사랑을 보고 걱정하는 대사이다. 그리고 조금 더 앞에 나서 신부는 다음과 같이 말한다.

"이렇듯 격렬한 기쁨에는 격렬한 파멸이 따르고,
승리의 절정에서 죽음이 찾아온다, 불과 화약처럼
입맞춤을 할 때가 모든 것이 흩어져 끝나는 때다.
지나치게 달디단 벌꿀은 그 감미로움 때문에 꺼림칙하다.
맛보는 것만으로도 식욕은 사라져 버리는 것."

그 다음 이렇게 덧붙인다.

"그러니까 사랑은 적당히 해야 한다.

영원한 사랑의 길이란 다 그런 것,

서두르기만 해선 살펴서 가는 것보다 오히려 느리니라."

(제 2막 제 6장)

이것은 옛날 위스키 광고에서도 '적게 사랑하라. 그러나 길게 사랑하라'라는 문안으로 사용된 적이 있었다. "이 대사가 셰익스피어의 어떤 작품에 있나요?"라고 CM 담당자가 물었다. 그때 바로 이 부분이라고 알려줬지만, 적당히 사랑한다는 건 어디까지나 어른이기 때문에 할 수 있는 말이다. 젊은이들은 사랑에서 '적당히' 같은 말 따위는 쓰지 않는다.

그리고 티볼트를 결투 끝에 죽인 뒤, 추방 처분이 내려졌을 때 로미오는 "이(줄리엣이 있는)곳에서의 추방은 세상에서의 추방이다"라고 한탄한다. 그것을 들은 로렌스 신부는 "철학을 들려주지"라고 말한다. 그 대화는 이렇다.

로렌스 그 말을 막아낼 갑옷을 주마.

역경에 달콤한 젖이랄까. 철학을 주마.

추방당하더라도 위안이 되게.

로미오 또 추방이야기 인가요?

철학 따위 벽에나 걸어두시지요.

철학이 줄리엣도 만들 수 있고, 도시를 옮겨 놓을 수도 있고, 영주의 선고를 취소할 수도 있다면 모르지만 그렇지 못할 바엔 그게 무슨 소용이 있단 말입니까?

(제 3막 제 3장)

당시의 철학(philosophy)이란 인생을 어떻게 살아야할 것인지에 대한 사색이 아니었다. 이성적인 사고방식, 요컨대 논리적인 사고법을 뜻한다. 지금의 대학에서 배우는 철학과는 조금 다르다. 어떤 상황 속에서 분석적으로 보고 판단하는 것을 철학이라고 한다. 로렌스는 그러한 철학을 가르치려고 했지만 로미오는 "철학 따위 벽에나 걸어두시지요. 철학이 줄리엣을 만들 수 있나요?"라고 대꾸한다. 이것은 어른에 대한 반발을 표현하고 있다.

로미오에게 로렌스가 있듯이 줄리엣에게는 유모가 있다. 처음 번역한 작품으로 연극을 했을 때, 유모 역을 맡은 여배우가 첫 극본 읽기에서 흥분하며 "이런 대사는 하지 못하겠어요"라고 불만스러워했다. 유모는 줄리엣과 로미오가 몰래 결혼한 것을 알고 있는 인물이다. 줄리엣은 로미오가 추방되고 패리스 백작과 혼담이 진행되자, 부모님께 로미오와의 결혼 사실을 알리지 못해 고민한다. 그리고 마지막 남은 자기편인 유모에게 "위안이 될 만한 말은 없어?"라고 묻자 유모는 이렇게 대답한다.

"참 딱하구먼요.
로미오는 추방당했으니
하늘이 무너져도 다신 아가씰 찾으러 못 올 거예요.

설사 온다고 하더라도 남몰래 올 수밖에.
그러니까 사정이 그렇다면 역시 아가씬
백작님과 결혼하는 게 제일 좋을 거예요.
게다가, 그이는 신분도 높은 분이니,
그이에 비하면 로미오는 헝겊조각에 지나지 않지요.”

(제 3막 제 5장)

여태까지 열심히 줄리엣과 로미오의 사이를 맺어줬던 유모가 왜 갑자기 확 변해버렸을까? 이미 감정이입이 된 유모 역의 여배우가 “이런 말, 저는 못하겠어요”라고 말할 만하다.

결국, 유모를 이해하려면 리얼리즘과 유머를 가진 존재라는 것을 인정해야 한다. 이 경우 리얼리즘이란, 결혼 상대로서 로미오와 패리스 백작을 저울질해보면 몬태규 가는 부자지만 평민이고 부르주아지만 귀족은 아니다. 게다가 로미오는 이제 없다. 그러니까 청년 귀족에게 청혼을 받게 되면 그 쪽이 훨씬 신분도 높다. 이처럼 현실적으로 생각하면 로미오는 헝겊조각이 되고 만다.

그러나 그런 계산만으로 움직인다면 관객의 반발을 사고 말 것이다. 유모는 리얼리즘뿐만 아니라 “사람이 그럴 수도 있지”라는 식의 유머를 잔뜩 지닌 인물이다. 따라서 관객도 공감하게 된다.

그리고 무엇보다도 유모는 어머니 이상으로 아가씨를 사랑하고 있다. 어머니는 부모로서의 책임이 있어 딸을 마냥 예뻐할 수만은 없다. 예의를 가르치고 꾸짖을 때는 꾸짖어야 한다. 하지만 유모는 아가씨를 절대 혼내지도 않고 혼낼 필요도 없다. 따라서 아가씨를 예뻐하는 것 이외에는 염두에 두지 않고 패리스 백작과 혼인을 권할 뿐이다.

줄리엣의 결혼을 알고 있는 것은 로렌스 신부와 자기밖에 없다. 그러니까 자신만 입을 다물면 된다. 로렌스도 패리스와 줄리엣을 결혼시키면 중혼을 묵인하는 죄를 짓게 되므로 로미오에 대해 말할 리가 없다. 그러니까 이것은 없었던 일로 만들 수 있다는 것이 유모의 생각이다. 로렌스도 유모라는 어른이 보면 이처럼 만만하게 여겨지는 인물이다.

다이치 기와코의 줄리엣에서 배우다

마지막으로 기억나는 것은 다이치 기와코(1943~1992)가 줄리엣을 연기했을 때의 일이다. 리허설을 거의 끝냈을 때 그녀가 갑자기 "저, 할머니처럼 해도 될까요?"라며 말을 꺼냈다. 나는 깜짝 놀라 "잠깐, 줄리엣은 이제 2주 후면 14세의 봄을 맞는다는 설정이야. 그런 소녀가 왜 할머니 흉내를?"이라고 물었다.

그녀에 따르면 얼마 전 할아버지가 돌아가셨다는 것이다. 그러자 할머니가 베개 맡에 앉아 할아버지의 머리를 무릎에 뉘이고 얼굴과 몸을 쓰다듬으면서 시선은 먼 곳을 향한 채 미소 짓고 있었다고 한다. 가사상태에서 눈을 떠 보자 로미오가 죽어 있었다. 그때 보통 줄리엣 역의 배우라면 슬픈 표정을 짓는다. 하지만 기와코는 거기서 그 때의 할머니와 같은 표정을 해보고 싶다고 했다. 로미오가 죽은 것은 슬프지만 이제 이걸로 나도 죽자, 저 세상에서 영원한 생명과 사랑에 둘러싸이는 거야 하는 결심으로, 그 순간 할머니의 얼굴 표정을 나타 내 보고 싶다는 것이었다. 그 자리에서는 나도 제대로 이해하지 못한 채 "연출가가 좋다고 하면 괜찮아"라고 했다.

그런데 실제로 연기를 했을 때 모골이 송연해졌다. 로미오(니시오 카 도쿠마)의 얼굴을 쓰다듬으면서 먼 곳을 본 채 미소 짓고 있는 줄 리엣을 본 순간, '인간이란 사랑하는 사람이 죽으면 이런 표정을 짓 기도 하는구나'라는 것을 기와코의 연기에서 배웠다.

그것은 그녀만이 할 수 있다. 다른 여배우가 하면 거짓이 되지만 기와코가 하면 진짜가 된다. 이제 로미오는 저 세상으로 갔음을 생 각한다. 그것이 관객에게 그대로 전해진다. 번역을 했지만 사랑하는 사람이 죽었을 때의 전혀 생각하지 못했던 표정을 보게 되자 역시 여배우는 대단하다는 생각을 했다.

연기를 통해 동작과 대사에서 인간이란 이런 것인가를 발견해가 는 기쁨. 연기의 즐거움이 인간 발견이라고 하면 그 최고의 무기는 감정표현이고, 그 감정표현이 가장 풍부한 것은 셰익스피어이다. 셰 익스피어 극을 연기하는 배우들이 자신의 모든 것을 던져 사랑의 갖 가지 양상을 표현할 때 무엇보다도 기쁘다.

한여름 밤의 꿈

사랑을 방해하는 것

〈로미오와 줄리엣〉과 거의 같은 시기 즉, 사랑의 희극이란 것이 아직 유럽 연극사에 없었던 시절 그 범주의 첫 작품은 바로 셰익스피어가 쓴 〈한여름 밤의 꿈〉이다.

아테네를 주 무대로 왕후 귀족과 요정들, 장인들이 등장한다. 그리고 신사계급의 사랑하는 젊은이들 네 명이 나온다.

허미아는 라이샌더라는 연인이 있지만 부친 이지우스는 드미트리우스와 결혼시키려고 한다. 드미트리우스는 허미아에게 연인이 있음을 알고도 사랑하고, 헬레나는 그런 드미트리우스를 짝사랑 한다. 이 때문에 혼란이 일어나고 이 네 명이 사랑의 술래잡기를 한다는 희극이다.

여기서 최초의 문제는 사랑을 방해하는 것, 여기서는 부친과 아테네의 공작이라는 '장애'가 있다. 부친은 딸을 드미트리우스라는 남자와 결혼시키려고 한다. 그런데 딸은 라이샌더라는 남자와 서로 사랑하고 있다. 그래서 테세우스라는 아테네의 공작에게 "소인의 딸년 허미아, 이 녀석이 퍽이나 속을 썩이는데 아버지의 말을 듣도록 설득시켜 주십시오"라고 청원한다. 거기서부터 이 연극은 시작된다.

"만약 제 딸년이 공작님 앞에서
드미트리우스와의 결혼에 동의하지 않는다면
아테네의 옛 특권을 간청하겠나이다.
제 딸년은 제 것이므로 그 처분을
저에게 맡겨 주십시오."

(제 1막 제 1장)

She is mine. 내 것이라는 표현이다. 부모에게 딸은 소유물이다. 요즘 실정에는 맞지 않지만 당시의 부모자식 관계에 대해 알아두는 편이 좋다.

그런 이지우스를 후원하는 것이 아테네 공작인 테세우스이다. 그는 허미아에게 다음과 같이 말한다.

"너에게 네 아비는 신과 같은 분이다.
너의 아름다움을 만들어 준 분이다,
그래서, 그 신에 비하면 너는 밀랍인형에 지나지 않는다.

지금 너의 모습을 갖추게 한 것도 그 신이고,

그것을 그대로 두거나 부수는 것도 그 신에게 맡겨라."

허미아가 "아버님이 제 눈으로 보셨으면 좋겠어요"라고 하자, 테세우스는 "아니, 그보단 네 눈이 네 아비와 같은 분별력으로 봐야겠지"라고 응수한다. 그러자 허미아는 사랑하지도 않는 남자와 결혼할 바에야 죽는 편이 낫다고 말한다. 그리고 다음과 같은 드미트리우스, 라이샌더, 이지우스의 대화가 이어진다.

드미트리우스 사랑스런 허미아, 마음을 풀어요.

그리고 라이샌더, 너의 엉터리 요구를 나의 정당한

권리에 양보하라.

라이샌더 드미트리우스, 넌 그녀 아버지의 사랑을 가졌잖아.

허미아의 사랑은 내게 주고 너는 그 분과 결혼해.

이지우스 라이샌더, 고얀 놈!

그래, 이 친구는 내 사랑을 받고 있다.

내 것은 내 사랑을 받고 있는 자에게 줄 것이야.

허미아는 내 것이니 그 아이에 대한 내 소유권을

드미트리우스에게 양도하겠다.

셰익스피어는 언제나 사건을 한 걸음 물러서서 지켜본다. 여기서도 셰익스피어답다고 느끼는 것은 딸이나 부친 어느 한 쪽으로 치우치지 않고 아버지와 딸의 갈등을 한 걸음 물러서서 본다는 데 있다. 그렇게 보면 각자가 내세우는 변명이 보이기 시작한다. 그것을 위의 대화와 같은 형태로 표현하는 것이다.

'존재의 사슬'을 거스를 수 있는가

왜 부친은 딸을 개인 소유물화 하려는 것일까. 한 가지 단서로 '존재의 사슬(Chain of Beings)'을 들 수 있다. 이것은 중세 이후 르네상스시대를 지배하고 있던 세계상(world picture)이다.

이것은 고대 그리스 철학자 플라톤의 자연관을 기록한 〈티마이오스〉에서 시작됐다. 세계라는 것을 이미지화 하면 히에라르키(계급제도)를 형성하고 있어, 위로부터 신, 천사, 인간, 동물, 식물, 무생물의 순으로 그 하나하나의 존재가 눈에 보이지 않는 사슬로 세로로 연결돼 있다. 세상은 이렇게 성립돼 있어 그 구분된 선을 결코 넘어설 수 없다. 따라서 인간은 아무리 노력해도 천사가 될 수는 없다.

중세 봉건사회에서 '존재의 사슬'은 신이 만든 세계의 구조 속에서 히에라르키를 확립하고, 그에 따라 사회의 질서와 계급 관계를 합리화 했다.

예를 들어 인간은 천사와 동물 사이에 있다. 이 단계들은 절대적이다. 동물은 인간이 될 수 없고, 식물은 동물이 될 수 없다. 신(유대교, 기독교, 이슬람교 등)은 천지만물을 창조한 유일한 절대자이다. 기독교가 성립되고부터는 특히 그렇지만, 셰익스피어 시대에는 여호와 한 분이었다. 그 신의 사자로서 인간계에서 부리고 있는 천사들에는 9단계*가 있다. 최고위의 치품천사 아래로 다양한 계급이 있다.

인간들 사이에도 주종관계, 부모자식관계, 상하관계 등이 있다. 그리고 동물도 말이나 개는 신분이 높지만 조개나 벌레는 신분이 낮다.

식물로 말하면 삼나무과의 높게 자라는 나무라든지 아름다운 꽃, 장미 등은 신분이 높고 이끼는 신분이 낮다. 그리고 미생물도 물이 흙보다 낮다든지, 금은 진주보다 대단하다든지 하는 상하관계가 있다.

그리고 이 하나하나의 존재는 눈에 보이지 않는 사슬로 연결돼 있다. 즉, 아래에 있는 것이 그보다 위에 있는 것을 거스르게 되면 '조반유리(造反有理-모든 반항과 반란에는 나름대로 정당한 도리와 이유가 있다)'가 아니라, 신을 거스르는 행위가 된다. 테세우스가 "너에게 네 아비는 신과 같은 분이다"라고 말한 것은 이러한 세계상이 있었기 때문에 지극히 자연스러운 말이다.

위에 있는 것이 아래에 있는 것을 위협하거나 죽여도 그 방향은 무생물 쪽으로 가기 때문에 아무렇지도 않다. 이런 세계상이 중세를 지배하고 르네상스시대에 와서도 아직 의식 속에 남아 18세기까지 계속됐다. 19세기 이후가 되자 자식이 부모를 거슬러도 신을 거스르는

---

* 천사의 계급 상위 3대(치품천사, 지품천사, 좌품천사) | 중위 3대(주품천사, 역품천사, 능품천사) | 하위 3대(권품천사, 대천사, 천사) 이 구분은 주로 로마 가톨릭교회.

것은 아니게 된다. 그런 면에서 조금 변화가 생겼다.

그렇기에 셰익스피어의 극에서는 대개 자식이 부모를 거스르면 비극이 된다. 해피엔드가 되는 것은 극히 일부에 지나지 않는다. 예를 들면 〈베니스의 상인〉에 나오는 샤일록의 딸 제시카는 부모를 거슬렀어도 해피엔드가 된다. 그것은 그녀가 그리스도교로 개종하기 때문이다. 유대교도인 아버지를 거슬러도 그리스도교의 신을 따르고 있기 때문에 해피엔드가 되는 것이다.

〈오셀로〉의 데스데모나와 같이 부모를 거스르는 딸은 거의 대부분 비극을 맞는다. 하지만 르네상스시대에 접어들면서부터 부모의 횡포가 너무 심하면 그들에게 반항하는 자식들에게 동정표가 나오기 시작한다. 따라서 허미아의 경우도 결국 해피엔드가 되지만 거기에는 신분이 높은 공작의 판결이 있었기 때문이다.

연애란 당사자끼리의 문제지만 이러한 세계상이 당시 사람들의 머릿속에 있었다. 그래서 부친이나 공작이 허미아의 사랑을 허락하지 않는 것이다.

그 밖에 사랑을 방해하는 것으로 라이샌더가 말하는 다음의 대사에서 찾아볼 수 있다.

"아아, 지금까지 내가 읽은 그 어떤 것에도,
이야기나 역사로 들었던 그 어디에서도
진정한 사랑의 길은 결코 순탄한 적이 없었으니."

그 장애물들은 신분 차이, 연령의 불균형, 타인의 선택을 강요하는 것 등이다. 가령 그런 장애를 벗어나 상대방과 맺어져도 전쟁이나 죽음, 병에 의해 사랑은 스러지고 만다. 그것은 라이샌더가 "아아, 지금까지 내가 읽은 그 어떤 것에도, 이야기나 역사로 들었던 그 어디에서도 진정한 사랑의 길은 결코 순탄한 적이 없었으니"라고 말했듯이 자신의 경험에서 나온 것이 아니다. 그렇기 때문에 라이샌더에게 사랑은 미경험, 즉 허미아와의 관계가 첫사랑이라는 것을 추정해 볼 수 있다.

첫사랑을 하는 사람들이란 여러 가지를 관념적으로 생각하고 사랑의 방해가 되는 것을 알아간다. 하지만 이러한 장애물로부터 벗어나려면 역시 사랑의 도피만한 것이 없다. 이것이 질주하는 사랑의 형태이다.

부친의 뜻대로 결혼을 하지 않으면 사형을 당하는 아테네의 법률도 사랑의 도피를 결심하는데 한몫 한다. 아버지의 뜻에 따르지 않으면 사형당하거나 수녀원에 들어가 평생 독신으로 살아야 한다. 그것을 피하려면 역시 사랑의 도피밖에 방법이 없다.

그리고 라이샌더와 허미아가 야반도주 계획을 세울 때 헬레나라는 허미아의 친구가 찾아온다. 헬레나는 드미트리우스를 사랑하고 있다. 하지만 드미트리우스는 허미아의 결혼상대로, 허미아를 사랑하고 있다. 여기서 헬레나는 라이샌더와 허미아의 야반도주 계획을 드미트리우스에게 알린다. 내버려두면 허미아는 야반도주해 떠나버릴 것이므로 자신에게 유리한 상황인데도 군이 그것을 드미트리우스에게 알린다. 그 이유는 사실을 알리면 드미트리우스가 허미아를 뒤따라갈 것이고 그러면 자신은 드미트리우스의 뒤를 쫓아갈 수 있기 때문이다. 적어도 쫓아가는 동안만은 드미트리우스의 얼굴을 볼 수 있다. 이치에 맞지 않는다고 생각하지만 그것도 질주하는 사랑의 한 가지 형태이다.

사랑과 이성의 싸움

다음은 사랑과 이성의 관계에 대해 살펴보자. 앞서 어른의 입장에서 보는 분별이라는 관점을 이야기 했다. 분별과 이성은 같은 종류지만 조금 다르다. 이성은 사랑과 싸우면 결국 지고 만다. 이성이란 사랑에게는 노예에 지나지 않는다. 그래서 이성은 사랑을 붙잡을 만한 힘이 되지 않는다는 것을 살펴보자.

우선 라이샌더는 야반도주한 날 밤에 이렇게 말한다.

"당신에 대한 나의 마음이 끝나는 날,

내 목숨도 끝이 나기를.

잠이 주는 모든 안락함이 부디 당신의 가슴에 깃들기를."

이것은 잠들기 전에 한 기도다. 이제 사랑이 전부이므로 사랑을 잃어버릴 때 목숨도 잃게 해달라는 것이다. 그런데 그 직후 요정 퍽이

'사랑의 삼색 제비꽃(팬지)' 즙을 눈에 바른다. 라이샌더가 눈을 떠 맨 처음 본 사람은 헬레나였다. 그 순간 헬레나에게 첫눈에 반한 라이샌더는 야반도주까지 했던 허미아를 버리고 헬레나의 뒤를 쫓아간다. 헬레나는 "허미아는 당신을 사랑하고 있어요. 그러니까 그것에 만족하세요"라고 말하지만, 라이샌더는 "거짓이 아니오"라며 스스로 구실을 대려는 듯 운을 달아 말한다.

> "내가 사랑하는 건 허미아가 아니라 헬레나 당신이오.
> 까마귀를 비둘기와 바꾸지 않으려는 사람이 어디 있겠소?
> 남자의 욕망은 본래 이성의 지배를 받는 법이오.
> 그 이성이 말하기를 당신이 훨씬 더 아름답다고 하는군요.
> 모든 것은 때가 되기까지 익지 않듯이
> 내 이성 역시 아직 어려 성숙하기까진 풋내가 났지요.
> 그러나 이제 분별을 갖게 되어 이성은 내 욕망의
> 지배자가 되고 나를 당신의 눈으로 인도해 줍니다.
> 당신의 눈이야말로 사랑의 진실을 가장 아름답게
> 기록한 책이오. 난 그걸 읽고 있는 거요."

(제 2막 제 2장)

이 "남자의 욕망은 본래 이성의 지배를 받는 법이오"라는 것은 거짓말이다. 그리고 이성이 허미아보다 헬레나가 아름답다고 말한다는 것도 거짓이다. 실은 이성 따위는 전혀 없는 맹목적인 상태에서 말하고 있는 남자의 억지에 지나지 않는다. 더구나 무대 위에서는 아주 짧은 시간 동안 벌어진 일로, 지금까지는 어렸기 때문에 이성이 성숙하지 못했다는 말은 전혀 일리가 없다.

이 사랑을 보면 사랑이 이성의 지배자라고 생각된다. 라이샌더의 대사를 보면 사랑이 이성을 하수인처럼 취급하고 있음을 알 수 있다.

가장 풍자적인 것은 장난꾸러기 요정 퍽에 의해 당나귀 머리가 된 (당나귀는 바보의 상징) 보텀과 요정의 여왕인 티타니아의 러브신이라는 황당무계한 장면이다. 잠들어 있던 티타니아가 삼색 제비꽃의 즙이 발린 다음 최초로 본 것이 당나귀 머리를 한 보텀이었다. 첫눈에 반해 사랑을 호소하는 티타니아에게 보텀은 "하긴 요즘 세상에 이성과 사랑은 그리 좋은 관계가 아닌 듯싶습니다만"이라고 대답한다. 당나귀 머리의 대사치고는 명대사라고 하겠다. 요즘뿐만 아니라 본디 사랑과 이성이란 것은 그렇게 사이가 좋을 이유가 없다.

결국 사랑의 삼색 제비꽃의 즙 때문에 당나귀 머리의 보텀과 요정 여왕 티타니아의 러브신이 연출된다. 셰익스피어가 이 장면을 떠올렸을 때 이 연극이 만들어졌으리라고 추측할 만큼 걸출한 장면이 완성됐다.

이성은 사랑의 적이 아니다. 하지만 이성과 사랑은 사이가 나쁘고 결국엔 사랑이 이긴다. 이 러브신에서 한 가지 덧붙여 말해두고 싶은 것은 보텀를 끌어안고 잘 때 티타니아가 하는 3행의 대사이다.

"이렇게 담쟁이덩굴이 인동덩굴과

얽히듯이, 난 그대와 둘이서

이렇게 얽혀 살고 싶어요."

(제 4막 제 1장)

소설가 다미야 도라히코는 "남녀가 얽혀 있는 장면은 아무리 좋게 써도 결국 지저분해지게 마련이다. 하지만 셰익스피어는 그것을 식물의 이미지를 써서 3행으로 깔끔하게 표현했다. 역시 셰익스피어는 대단하다"라고 감탄했다.

이윽고 두 사람이 자고 있는 것을 본 요정의 왕 오베론이 이렇게 말한다.

"잘 왔다 퍽, 이 근사한 꼴 좀 보아라.

이젠 이 여인의 어리석음이 참으로

측은하다는 생각이 드는구나."

(제 4막 제 1장)

밖에서 보면 해학이다. 알기 쉬운 예로 본인은 비장감을 갖고 있어도, 타인 입장에서 보면 해학일 뿐이다.

그러므로 이 경우도 밖에서 보면 요정의 여왕이 당나귀 머리를 한 장인과 서로 껴안고 있는 모습이 상당히 꼴사납다. 떨어져서 보면 해학적으로 보인다. 이런 감각을 셰익스피어는 실로 능숙하고 다양하게 표현하고 있다.

또 다른 예로 연인 네 명의 필사적인 술래잡기를 보고 장난꾸러기 요정 퍽이 오베론을 향해 말한다.

"아옹다옹하면서 법석을 피워대는 모습이
아주 재미있잖습니까?
인간이란 이 얼마나 바보 같은지!"

(제 3막 제 2장)

허미아와 라이샌더가 야반도주를 하고 그 뒤를 드미트리우스가 쫓아가고 다시 헬레나가 그 뒤를 따라간다. 허미아에게 빠져 있던 두 명의 남자가 아무리 꽃의 즙의 작용이라고는 해도 이번에는 헬레나에게 빠져 따라다니는 것이 재미있다며 당사자에서 관객으로 시점을 이동시켜 버린다.

본인들은 필사적으로 술래잡기를 하고 있는데 밖에서 보고 있으면 우스꽝스러운 연기이다. "인간이란 이 얼마나 바보 같은지!"라는 말이 나오게 된다. 이것이 셰익스피어적인 관점이다.

'사랑의 코미디'

우리에게 보이는 '사랑의 코미디'는 어떤가. 이번에는 연극 전체를 놓고 관객으로서 무엇이 보이는지 이야기 해보자.

우선, 당나귀 머리의 장인과 요정 여왕의 바보 같은 러브신이 있다. 또 한쪽에는 장인들의 '젊은 피라무스와 그의 연인 디스비의 장황하고 간결한 한 장면, 비극적 해학극'이라고 하는 바보 같은 극 중 극이 있다.

이 두 가지는 너무나 어이없는 장면이다. 그것을 어이없다고 생각하는 우리와 네 명의 연인들 관계는 어떨까. 허미아를 따르던 두 명의 남자가 이제는 헬레나를 따라간다. 이 또한 어이없지만 그것을 보고 있는 우리들과의 관계를 분명히 한 것이 피터 브룩이 1970년 연출한 작품이다.

그때까지의 영화나 책을 보면 요정의 신에는 로맨틱한 클래식 발레 따위를 넣거나 동화적인 로맨티시즘으로 휩싸여 있었다.

피터 브룩은 무엇을 어떻게 했을까. 그는 무대 한쪽에 하얀 벽으로 연기 공간을 만들어 두고 거기에 한 무리의 서커스단을 등장시켰다. 퍽이 접시돌리기를 하고 있다. 한 무리의 사람들은 차 가 오면 그 연기 공간에 들어간다. 그리고 〈한여름 밤의 꿈〉을 연기하는 것이다.

그리고 그 밖으로 나오면 서커스의 리허설을 하거나 휴식을 취한다. 이런 점을 고려해 피터 브룩의 연출방법을 살펴보면 보텀과 그 동료들의 어이없는 희극, 거기에 시점을 두고 극 전체를 재인식 했다. 관객 입장에서 보는 것이 아니라 극 중 극에서 극의 세계를 거쳐 관객의 자리까지 간다. 주머니를 확 뒤집듯이 안을 뒤집어서 보여줬다.

지금까지는 관객이 극을 보고 있고, 그 극의 안에서 다시 극 중 극을 보는 구조였다. 그런 구조가 일반적인 형태다. 그런데 피터 브룩은 그 극 중 극에서 극을 보면 어떨까 하는 입장에서 연출했다.

실제로 이 네 명은 극 중 극을 보면서 "저 달은 빛나는 모양이 좋군"이라든지, "사자가 멋진 걸"이라며 야유를 던지고 있다. 즉, 극에 등장하는 연인들 네 명은 극 중 극에 나오는 녀석들을 야유하며 바보로 만들고 있다. 그런데 그 바보 취급을 당하는 쪽에서 보면 이 네 명 역시 바보가 아닌가. 그 증거로 퍽이 "인간이란 이 얼마나 바보 같은지!"라고 이 네 명을 보며 말한다. 관객 역시 마찬가지다. 바보 취급하며 보고 있던 극 중 극 쪽에서 보면 이 네 명을 지나 관객조차도 바보로 보이지 않을까. 이것이 피터 브룩이 사용한 기법이었다.

즉, 우리는 "인간이란 이 얼마나 바보 같은지!"라는 말이 그들에게만 해당된다고 생각하지만 그렇게 생각하는 우리들도 일상을 바보처럼 살아가고 있지 않은가 하는 것이다. 따라서 이것은 단순한 옛날이야기가 아니라 풍자극으로도 볼 수 있다.

얼핏 봤을 때는 '꽃의 즙'이 일으킨 동화적인 꿈 이야기라고 생각하기 쉽다. 지금까지 대개 그런 느낌으로 상연되고 있었기 때문이다. 1970년 피터 브룩의 연출에 의해 사랑의 어리석음을 그린 풍자 희극으로 보이기 시작했다. 사랑을 하는 인간은 이 얼마나 어리석은 가라고. 요정 여왕과 당나귀 머리를 한 장인의 러브신, 극 중 극, 네 명의 술래잡기 모두 어리석기 짝이 없었다. 그런 풍자 희극으로도 볼 수 있는 것이다.

그리고 다시 한 번 자세히 보면 정체성의 문제를 둘러싼 파스

(farce)적 부조리극, 또는 부조리극 같은 파스가 됐다. 그 네 명은 자신이 자신을 전혀 알 수 없게 돼버렸다. 남자를 예로 들면 자신이 누구를 사랑했는지조차 모른다. 그러므로 우스꽝스러운 희극적인 부조리극이라고도 할 수 있다.

파스란 웃기는 극을 뜻해 소극(笑劇)이라고도 쓴다. 프랑스어로 파르스(farce), 영어로 파스라고 읽는다. 스스로도 자기 자신을 알 수 없게 되어 상대에게 반하거나 차거나 뒤쫓거나 쫓기거나 하게 된다. 그러니까 이 극은 동화도 되고 풍자 희극도 되고 부조리극도 되게 마련이다.

어떤 선배가 "꿈이란 그리운 것이지"라고 하는 말을 듣고 내 견해에는 그것이 결여돼 있다고 생각했다. 거기서 다시 새롭게 셰익스피어를 읽어 보니 '눈을 가늘게 뜨고 보면, 어차피 인생은 꿈이라고 보는 시인이 만든 꿈 이야기'라는 생각이 들었다. 이 네 가지(동화, 풍자 희극, 부조리극, 꿈 이야기)가 동시에 하나로 보였을 때 셰익스피어가 보이기 시작한다. 어느 한 쪽에만 치우쳐서 보면 연극은 빈약해지고 만다. 동시에 네 가지가 보이면 셰익스피어를 좀 더 깊게 느낄 수 있을 것이다.

물론 이 네 가지 세계를 좁혀 어린이용으로 만드는 연출도 괜찮다. 실제로 런던의 공원 한 귀퉁이에 만든 야외극장에서 상연하는 〈한여름 밤의 꿈〉을 본 적이 있다. 어린아이들이 몸을 내밀고 열심히 보고 있었다. 그처럼 어린아이들이 즐길 수 있는 극도 좋다. 그렇지만 어른이라면 이처럼 다양하게 즐길 방법이 있다.

좁게 보면 얼마든지 좁아진다. 하지만 셰익스피어는 인간에 대해 쓰고 있다. 따라서 자신의 인간관에 따라 다양한 것들이 보인다. 그러니까 가능한 한 넉넉하게 수용하면 좋다. 적어도 셰익스피어의 극은 어느 작품이든 다양한 견해가 있어서 어느 하나가 옳고 그르다고 할 수 없다. 그런 견해도 있을 수 있다고 말하듯이 다면체로서 다양한 견해가 생길 수 있다.

만약 극작가가 어떤 이념이나 사상을 표현하기 위해 쓴 연극이라면 그것을 제대로 전달하는 것이 가장 중요하다. 그렇지만 셰익스피어는 관객을 즐겁게 하려고 한 것일 뿐, 자신의 사상을 표현하는 도구로써 연극을 쓰지 않았다. 그러니까 한 가지 사상만으로 보려고 하면 못 보고 놓치는 일이 있을 수 있다.

베니스의 상인

희극 속 사랑의 이중성

〈베니스의 상인〉에서는 셰익스피어 희극의 사랑의 이중성을 살펴보자. '코트리 러브(courtly love)'와 '모던 러브(modern love)'가 있다. 코트(court)란 궁정을 말하기 때문에 영어로는 courtly love지만 프랑스어로는 amour courtois로, 궁정풍 연애라고 번역된다. 중세 로맨스 속의 사랑이다.

중세 로맨스란 음유시인이라 불리는 사람들이 현악기를 들고 노래하듯이 이야기한 것을 말한다. 봉건군주의 성을 걸어서 돌며 악기 연주와 함께 이야기를 노래했다.

그 로맨스란 대개 궁정이나 봉건귀족의 성이 주 무대로 기사들, 군주, 군주 부인이 등장한다. 그리고 그 군주 부인에게 기사가 사랑을 바치는 것이 주된 형태이다.

기사의 사랑은 대가를 바라지 않는 사랑으로 군주 부인에게서 어려운 과제를 부여받는다. 어디 어디 산 속에 가서 보물을 가져오라는 식의 난제를 짊어지고 기사가 찾아가면 용이 보물을 지키고 있다. 용을 싸워서 쓰러뜨리고 보물을 갖고 돌아와 군주 부인에게 바치는 것으로 이야기는 끝이 난다. 키스 한 번 받지 못한다. 하지만 이것이 중세 로맨스이다. 그런 고난을 거쳐 도달하는 무상의 사랑이 궁정풍 연애이다.

그리고 모던 러브, 또는 근대 연애라고 불리는 것이 있다. 이것은 르네상스 이후 근대로 들어 에고(자아)의 발견과 겹치고 있다. 중세에는 뭔가에 대한 가치를 판단하는 것은 자신이 아니라 신이나 다른 누군가였다. 무엇이 선이고 무엇이 악인지를 결정하는 것은 대개 자신이 아닌 교회의 가르침이었다. 하지만 에고에 눈을 뜨면서 무엇이 선이고 무엇이 악인지를 스스로 판단하게 된다. 그것이 어떤 의미에서 근대이다. 그리고 연애를 하는 것도 부모가 정한 사람이 아닌 자신이 선택한 사람에게 사랑을 바친다는 것이 모던 러브이다.

셰익스피어의 극을 보면 메인 플롯(주 줄거리)과 서브 플롯(부차 줄거리)이 확실하게 나뉘어져 있는 작품이 있다. 예를 들면 〈말괄량이 길들이기〉에서 말괄량이 캐서리나는 페트루치오와 갑작스럽게 결혼을 하고 순종적인 아내가 된다. 하지만 캐서리나의 동생 비앙카는 다양한 구혼자가 쇄도하는 가운데 르센시오를 선택한다. 비앙카의 사랑을 얻기 위해 르센시오는 부잣집 도련님인데도 가정교사로 변장해 접근한다. 뭔가 고생을 하고 역경을 뛰어넘어야 한다. 그것이 중세 로맨스 즉, 궁정풍 연애의 한 가지 형태이다.

원래대로라면 배우 입장에서 봐도 르센시오와 비앙카 쪽이 중심이어도 괜찮을 스토리이다. 하지만 누가 봐도 캐서리나 커플의 모던 러브 쪽이 재미있다. 따라서 이 이 메인 플롯이라고 생각한다.

이것과 완전히 똑같은 형태로 〈헛소동〉 역시 클로디오와 히어로의 궁정풍 연애다. 영주의 동생인 악당 돈 존이 계략을 꾸며 둘 사이를 갈라놓으려고 한다. 부하에게 연극을 시켜 히어로가 결혼식 전야에 외간남자를 방으로 끌어들였다고 믿게끔 만든다. 결국 히어로는 결혼식장에서 억울하게 매음녀 취급을 받는다. 하지만 결국 죽음을 가장해 모든 사실을 밝히고 둘은 무사히 맺어지게 된다. 이것 역시 고생 끝에 행복해지는 스토리이다.

다른 한편으로 베네딕과 베아트리체의 사랑이 있다. 이 둘은 만나기만 하면 싸우지만 결국 서로 상대방이 자신을 사랑하고 있다고 믿게 되어 해피엔드로 끝나는 모던 러브이다. 〈헛소동〉에 관한 자세한 이야기는 다음 장에서 하도록 하겠다.

〈베니스의 상인〉은 다양한 요소가 잡탕처럼 북적거리는 극이다. 때문에 사랑의 이중성을 보는데도 메인과 서브의 차이가 너무나도 극명하다. 로렌조와 제시카는 궁정풍 연애고 바사니오와 포샤는 모던 러브이다. 제시카는 유대교도인 샤일록의 딸로 로렌조와 사랑의 도피를 하고 그리스도교로 개종한다. 이 사랑의 도피야말로 명백한 궁정풍 연애의 전형이다.

바사니오와 포샤는 이미 전부터 좋아했다고 말하면서 맺어지는 모던 러브이다. 이중의 사랑이 있는 곳에서는 대개 모던 러브쪽이 메인 플롯이 된다.

우선 로렌조를 살펴보자. 그는 제시카에게 반했을 때 이렇게 말한다.

"그녀가 신앙이 없는 유대놈의 자식이라는
이유 때문이라면 모를까.
어떤 불운도 감히 그녀의 앞길을 가로막지는 못할 거야."

(제 2막 제 5장)

이것은 일종의 숭배에 가깝다. 상대방을 여신처럼 생각하고 있다. 기사가 군주 부인에게 바치는 사랑을 제시카에게 바치고 있는 것이다.

어느 철학자에 따르면 마리아 숭배 즉, 성모마리아에 대한 숭배의 마음과 같은 사랑이라고 분석하고 있다. 결국 이 대사를 통해 현대적인 연애가 아니라 사랑을 바친다는 궁정풍 연애를 표현하고 있다.

그리고 그라시아노라는 남자가 등장하는데 〈로미오와 줄리엣〉에 나오는 머큐시오와 비슷한 캐릭터로 유머가 넘치는 현실주의자이다. 즉, "인간이란 결국 그런 것이다"라는 리얼리즘의 시선과 "그걸로 됐잖아"라고 받아들이는 유머가 있는 인물이다.

따라서 제시카를 사랑하는 로렌조의 마음을 두고 "세상만사 다 그런 게 아닌가. 쫓아다닐 때는 활기가 넘치는 법이지만 막상 손에 넣으면 시들해지는 거지(제 2막 제 6장)"라고 말하는 것이다.

남자라면 누구나 공감할 만한 대사로 아무리 멋진 여자라도 손에 들어와 버리면 그것으로 끝이다. 쫓아가는 동안만 활짝 핀 꽃이다. 어떤 의미로는 로맨틱한 사고방식일지도 모른다. 낚은 고기에 떡밥을 주지 않는 것과 같은 느낌의 리얼리즘과 유머를 갖고 있는 표현이다.

그라시아노 자신 역시 모던 러브로 바사니오가 포샤와 맺어질 때, 포샤의 시녀 네릿사와 어느새 사랑하는 사이가 된다. 그는 바사니오와 포샤가 결혼할 때 자신도 내친 김에 결혼하고 싶다고 한다. 그런 그가 궁정풍 연애를 보고 유머 넘치는 대사를 내뱉은 것이다.

그 궁정풍 연애를 하고 있는 제시카의 대사는 다음과 같다.

"사랑은 사람들을 장님으로 만든다는 말이
사실인가 봐요. 연인들은 자신들이 저지르는
어리석은 짓들을 볼 수 없으니까요."

(제 2막 제 6장)

제시카는 결국 부친 샤일록을 배신하고 가출하여 로렌조와 맺어진다. 아마 자신이 바보 같은 짓을 하고 있지만 스스로도 깨닫지 못한다는 사실을 알고 있으면서 궁정풍 연애를 하고 있다.

모던 러브는 바사니오와 포샤의 사랑이다. 포샤의 상자 고르기는 옛날이야기에 지나지 않는다. 부친의 유언장에 따라 포샤에게 구혼하는 사람은 금, 은, 납의 상자 중 하나를 선택해야 한다. 그 중 포샤의 초상화가 들어있는 상자를 고르면 성공이고 실패한 사람은 두 번다시 다른 여자와도 결혼할 수 없다는 규칙이 있다.

하지만 포샤는 바사니오를 전에 만났을 때부터 좋아하고 있었다. 바사니오가 와줘서 기쁘기 때문에 상자 고르기는 다음으로 미루고자 했다. 하지만 바사니오는 자신의 운명이 결정되는 것이므로 빨리 끝내고 싶었다. 포샤는 "내가 이렇게 된 것은……"이라며 말을 꺼낸다.

> "아, 당신 눈이 원망스러워요.
> 저를 홀리는 그 눈빛에 제 마음은 그만
> 두 조각이 나고 말았으니까요.
> 반 조각은 물론 당신 것이지만,
> 나머지 반 조각도 제 것은 아니죠.
> 제 것이라고 말하고 싶지만 제 것은 또한 당신 것이니까요.
> 그러니 모두가 당신 것이랍니다."

(제 3막 제 2장)

이 대사는 상당히 세련된 표현으로 지적인 리얼리즘과 유머가 합쳐져 있다. '반은 당신 것, 남은 반도 당신의 것이라면 처음부터 완전한 하나로 당신 것'이라고 말하는 게 좋지 않으냐고 하는 촌스러운 사람이 있다면 포샤에게는 가치 없는 남자이리라.

어쨌든 문제는 서로 사랑하는 두 사람이 상자 고르기라는 난제를 어떻게 뛰어넘을까 하는 것이다. 바사니오는 포샤가 미루려는 계획을 무시하고 빨리 고르게 해달라고 '질주하는 사랑'의 형태를 취한다. 마침내 포샤의 저택에서 바사니오의 상자 고르기가 시작된다. 그전에 모로코의 대공은 금의 상자, 아라곤의 대공은 은의 상자를 고르고 모두 탈락했다. 게다가 두 명의 공작이 상자 고르기를 할 때 포샤는 단지 "고르시죠"라고 말했을 뿐이다.

그런데 사랑하는 바사니오가 고르려고 할 때는 우선 음악을 연주하게 하고 노래를 부르게 한다.

"말해다오, 환상적 사랑이 자라는 곳을.
가슴 속인가? 아니면 머릿속인가?
그 사랑 어떻게 생겨나 어떻게 자라는가?
대답해다오, 대답해다오.
사랑은 눈 속에서 태어나 눈빛으로 살찌는 것,
헛된 사랑은 태어난 요람에서 이내 시든다네."

바사니오는 그 노래를 듣고 "자고로 겉모습이 그럴듯해도 속은 겉과 다를 수 있는 법"이라고 제대로 반응한다. 즉 환상적 사랑은 눈에 살고 있기 때문에 금이나 은 따위에 속을지도 모른다는 것을 암시하고 있다. 그래서 납을 선택한다.

이것은 불공정하다고 보는 학자도 있지만 영어 속담에는 'All's

fair in love and war'라는 표현이 있다. '사랑과 전쟁에서는 모든 것이 정당화된다.' 무슨 짓을 해도 괜찮다는 것이다. 이것이 모던 러브이다.

포샤도 자신이 어느 상자에 초상화가 들어있는지 가르쳐줄 수는 있지만 그건 불공평하다고 대사에서 확실하게 표현하고 있다. 그렇기 때문에 자신은 가르쳐줄 수 없다면서 노래를 부르게 한 것이다. 사랑과 전쟁에서는 모든 것이 정당화되므로 이것도 허용된다.

진정한 사랑이란

진정한 사랑이란 바사니오가 납 상자를 고르고 자신을 선택한 것을 알았을 때 포샤의 대사에서 볼 수 있다.

"아아, 다른 모든 감정은 공중으로 다 사라져 버렸어.
의심에 찬 생각도, 절망감도, 전율을 일으키는 공포도,
녹색 눈을 한 질투심도 다 사라졌어.
이제 내게 남겨진 것은 사랑뿐!"

이런 감각은 나도 경험한 적이 있다. 아내에게 프러포즈하기 위해 하치조지마까지 갔을 때 "지금 대답하지 않아도 괜찮아"라고 했는데, 그녀가 "아니요. 지금 바로 대답할게요"라며 길가에 피어있는

제비꽃을 꺾어서 건넸을 때의 느낌은 정말 이랬다. 모든 감정이 공중으로 사라져버린다. 이제 이걸로 된 거야 하는 그 실감이 있기 때문이다.

그 다음 바사니오가 정식으로 프러포즈하자 그녀는 다음과 같이 말한다.

"바사니오님,
저는 당신께서 보고 계신 그대로
그저 한 여자에 지나지 않습니다."

이것은 사람을 사랑하는 자, 그리고 세계 곳곳에서 구혼자가 쇄도하는 미모와 재산을 가진 자 치고는 놀랄 만큼 솔직하고 겸허한 말이다.

궁정풍 연애

그리고 이 연극의 마지막에 로렌조와 제시카가 밤에 연인끼리 즐기는 '바로 이런 밤이었을 거야' 놀이가 나온다.

로렌조 달빛이 휘영청 밝기도 하구나. 바로 이런 밤이었을 거야. 산들바람이 나뭇가지에 살며시 키스하고는 소리 없이 스쳐가는 밤.
아마 이런 밤이었을 거야.
트로일러스 왕자가 성벽 위에 올라가
연인 크레시다가 잠들어 있는 그리스군 진영을 향해
넋을 잃고 땅이 꺼져라 탄식했던 밤도 이랬을 거야.

제시카　바로 이런 밤이었겠죠.

. (제 5막 제 1장)

이렇게 연인끼리 누구와 누가 이러저러했다는 대화가 잠시 이어지고 마지막에 로렌조가 말한다.

"정말이지 이런 밤이었을 거야.
제시카라는 처녀가 부유한 유대인의 아버지 몰래
집을 빠져나와 방탕하게 연인과 둘이서
베니스를 탈출하여 벨몬트까지 온 밤이."

이에 제시카가 화답한다.

"바로 이런 밤이었겠죠.
로렌조라는 청년이 사랑하느니 어쩌고 하면서
처녀의 마음을 훔치기 위해 마음에도 없는
진정한 사랑을 연거푸 맹세하던 밤이."

이것은 남녀 간의 사랑싸움과 비슷하다. 요컨대 궁정풍 연애의 결말은 맺어지면 사이좋은 대등한 부부가 된다.

한 가지 더 예를 들면 〈템페스트〉에서 프로스페로라는 전 밀라노 대공의 딸 미란다와 나폴리 왕자 페르디난드는 서로 사랑하는 사이다. 프로스페로는 딸을 위해 두 사람을 맺어주려고 한다. 이 역시 궁정풍 연애로 왕자에게 통나무 운반 따위를 시킨다. 그렇게 고생 끝에 두 사람은 겨우 맺어진다.

맺어진 뒤 마지막 장면에서 젊은 두 사람은 체스를 한다. "당신, 속임수를 쓰시네요." "아니오, 내가 사랑하는 여보. 천하를 받는다고 해도 절대 속임수는 안 쓰겠소"와 같은 말을 서로 주고받는다. 사이좋게 다투고 있는 모습이다.

이상 세 편의 청춘시대 사랑을 늘어놓고 보니 젊은 남녀가 처음으로 사랑을 알았을 때의 신선한 충격. 그 전까지의 자신과는 뭔가 달라지는 순간을 셰익스피어는 능숙하게 그려내고 있음을 알 수 있다.

Chapter 08
꿈이 결실을 맺은 사랑

헛소동

싸우는 남녀가 서로 사랑하는 사이로

다음으로는 청년에서 어른이 되어갈 때 연인을 만나 자신을 되돌아보고 꿈이 현실로 이어지는 사랑에 대해 살펴보자. 이 장에서는 셰익스피어의 희극시대라고 불리는 시기의 최고 걸작 3편을 소개하겠다. 가장 먼저 〈헛소동〉이란 작품이다. 이야기의 주제는 베네딕과 베아트리체의 사랑으로 이른바 모던 러브, 즉 근대 연애이다.

베네딕과 베아트리체는 만나면 말싸움만 하는 여자를 싫어하는 남자와 남자를 싫어하는 여자이다. 물론 베네딕은 항상 결혼 따위는 절대 하지 않을 거라고 말하고 다닌다. 그런 그를 놀려주기 위해 돈 페드로라는 아라곤의 영주와 친구인 클로디오, 그리고 메시나의 지사인 레오나토(히어로의 아버지이자 베아트리체의 백부)가 계획을 짠다.

돈 페드로의 아이디어로 세 사람은 베네딕과 베아트리체를 연인으로 만들려고 한다. 그리고 이 계획에 찬성한 베아트리체의 사촌 동생 히어로와 마가렛, 어슐러라는 시녀와 결탁해 작전을 실행한다.

먼저 베네딕에게 "베아트리체가 베네딕을 죽을 만큼 사랑하고 있는데, 만날 때마다 말싸움만 하곤 해서 이제 와서 새삼 고백을 할 수도 없고, 게다가 그런 사실이 들통나는 것만으로도 부끄러워 살 수 없을 거라고 한탄하더라"라는 이야기를 듣게 한다.

같은 내용을 이번에는 베아트리체에게 들려준다. 이것은 '선의의 장난'이다. 그로 인해 서로 상대방이 자신에게 반했다고 생각한 두 사람은 '생각하고 있던 자신'과 '원래의 자신'의 차이에 눈을 떠 해피엔드의 결실을 맺는다.

쉽게 말해, 베네딕은 베아트리체가 자신을 좋아한다는 것을 듣고 그때부터 왠지 베아트리체가 신경 쓰이고 점점 좋아지게 된다. 지금까지 자신은 여자를 싫어한다고 생각했다. 그런데 그렇게 믿고 있던 자신과는 별개로 여자를 좋아하는 원래의 자신이 있다고 재인식하는 것이다. 원래의 자신에 눈을 뜬 두 사람은 다음번 만났을 때 왠지 모르게 서로에게 반해버린다. 결국 해피엔드를 이룬다.

가장 인상 깊은 것은 베네딕의 다음 대사이다. 긴 독백의 형태로, 확실히 베아트리체는 좋은 여자다, 그녀라면 결혼해도 좋겠다고 마음을 먹는다. 그리고 그런 자신에 대한 변명으로 하는 말이 다음에 인용한 대사다.

"나도 그 여자에게 홀딱 반할 것 같은 느낌이야.

그래봤자 나는 분명 농담이나 빈정거림만 당하게 될 거야.

이제까지 항상 결혼에 대해 지독히도 나쁜 말만 해왔던

남자인 주제에 뭐라고 하겠어.

그렇지만 좋아하는 음식도 변하게 마련 아닌가.

젊었을 때야 고기가 좋았던 남자라도,

나이가 들면 멀리하게 되지.

빈정거림이나 경구 따위, 머리에서 짜낸 그 글 뭉치들을

무서워해서 살고 싶은 대로 살지 못하고 도망치는 것이

잘하는 짓인가? 그럴 리가 없어.

이 세상 인구를 줄이지는 말아야지.

내가 죽을 때까지 혼자 있으리라고 말했던 것은

결혼할 만큼 오래 살 거라고 생각하지 않았기 때문이야."

(제 2막 제 3장)

그리고 저쪽에서 베아트리체가 오자 이렇게 말한다.

"아, 베아트리체다. 음, 아름다운 여자야.

그렇게 말하고 보니 어딘지 모르게

사랑을 하고 있는 듯한 느낌이 드는군."

그렇지만 사실은 전혀 그렇지 않다. 여기서 다시 새로운 생각이 든
다. 인간이란 이처럼 착각이나 오해에 의해 좌우되기도 하고 생각을

달리하기도 한다. 예를 들어 친구들에게 "저 자식이 네 험담을 했어"라는 말을 들으면, 자신도 그 사람이 싫어지고 "저 녀석이 널 칭찬하던데"라는 말을 들으면 자신도 그 사람을 좋아하는 것과 같은 이치다. 이것이 사람의 심리이다.

마찬가지로 베아트리체도 여자들이 퍼뜨리는 소문으로 베네딕이 자신을 좋아한다는 것을 들은 순간 독백한다.

> "베네딕, 나를 사랑해 주세요,
> 나도 당신을 사랑할 게요,
> 나의 사나운 마음을
> 그대의 부드러운 손길로 다독여 주세요."
>
> (제 3막 제 1장)

자신도 그에게 반했음을 드러낸다. 이것이 모던 연애의 주된 구성이다.

악의의 장난으로 사이가 벌어진 커플

또 한 가지 이것과 대조되는 궁정풍 연애라는 사랑의 형태가 부차적인 구성으로 나타난다.

베네딕의 친구인 클라디오와 베아트리체의 사촌동생인 히어로는 전에 만났을 때부터 좋아했다. 하지만 표현하지 못하고 있다가 클라디오가 전장에서 돌아오는 도중에 메시나에 들러 그녀와 재회한다는 설정이다.

클라디오는 내성적인 남자로 궁정풍 연애가 대개 그렇듯이 자신이 먼저 넉살좋게 "당신에게 반했다오"와 같은 말은 하지 못한다. 그래서 영주인 돈 페드로는 자신이 가면무도회 때 가면을 쓰고 클라디오인 것처럼 다가가 사랑을 속삭인다는 장난을 하려고 한다. 이것도 '선의의 장난'이다. 그 계획을 페드로의 이복동생인 돈 존이 엿듣는다. 돈 존은 전형적인 악당으로 클라디오와 히어로가 잘되는 꼴이 배가 아파 그 계획을 망치려고 '악의의 장난'을 꾸민다.

하지만 돈 페드로의 중재로 돈 존의 계획은 무산되고 클라디오와 히어로는 결혼식을 올리게 된다. 돈 존은 다시 계획을 짠다. 결혼식 전야에 돈 페드로와 클라디오를 불러 히어로의 방이 보이는 곳으로 데려간다. 거기에는 돈 존의 부하 한 명이 마가렛이라는 히어로의 시녀와 함께 사랑의 유희를 연출하고 있었다. 돈 존의 부하와 사이가 좋은 마가렛에게 연극을 시킨 것이다. 마가렛이 발코니에서 몸을 내밀고 거기에 돈 존의 부하가 올라가 그 장면을 전개하고 있었다.

그곳은 히어로의 침실 발코니이다. 돈 페드로와 클라디오는 그것을 보고 다음날 결혼할 신부가 외간남자를 끌어들였다고 오해한다. 다음날, 결혼식 현장에서 그 사실을 폭로하고 그녀를 매음녀 취급하듯 한다.

결혼식에서 억울하게 매도당한 히어로는 졸도하고 만다. 하객들이 모두 돌아간 뒤, 히어로는 죽었다고 꾸미고 누명을 벗기 위한 '반격의 계획'을 실행에 옮기는데 장례식까지 치른다. 그 결과 돈 존이 저지른 '악의의 장난'이 들통 나고 결국 두 사람은 다시 맺어진다. 그런 고난을 거친 후 해피엔드로 가는 것이 궁정풍 연애다. 이 두 가지 사랑의 형태가 〈헛소동〉의 메인과 서브 플롯이다.

소문이나 풍문이 사람의 심리에 어떤 영향을 주는지는 그 의도에 따라 선의와 악의로 나뉜다. 하지만 결국 두 가지 모두 우여곡절을 거쳐 해피엔드가 되는 것이다.

각각 다른 장소로 불러내 "사실은 그 녀석이 너한테 죽을 만큼 빠져 있는데……"라는 말을 들려주는 장면은 상당히 잘 만들어진 볼거리이다. 그리고 여기에는 〈로미오와 줄리엣〉이나 〈한여름 밤의 꿈〉에는 없는, 자신을 되돌아보는 계기가 들어가 있다.

뜻대로 하세요

'놀이'를 하는 남녀의 사랑

다음 살펴볼 작품은 〈뜻대로 하세요〉이다. 이 작품은 희극의 구성상 셰익스피어적인 것이 섞여 있는 잡탕이다. 연극의 줄거리를 살펴보면 여러 가지 일들이 벌어지며, 결국 네 쌍의 커플이 맺어지면서 끝난다. 우선 중심 줄거리는 올란도와 로잘린드의 사랑이다. 남자인 올란도가 조연이고 로잘린드가 주인공이다.

동생에 의해 영지에서 추방당한 전 공작이 아덴의 숲이란 곳에서 몇 명의 귀족들과 함께 목가적인 생활을 보내고 있다. 그 딸 로잘린드도 숙부에게 추방당해 사촌동생인 시리아와 함께 도망쳐 온다. 그후 로잘린드를 사랑하는 귀족의 아들 올란도가 형 올리버에게 미움을 사고 역시 이 숲으로 도망쳐 들어온다.

올리버는 전형적인 악당으로 동생이 자신보다 뛰어나고 평판이

좋자 동생을 학대한다. 그리고 새로운 공작, 즉 시리아의 부친이 레슬링 시합을 열자 그 자리에서 동생을 죽이려고 마음을 먹는다. 그 레슬링이란 단순한 시합이 아니라 진짜로 목숨을 건 싸움으로 서로 죽고 죽이는 경기다. 새로운 공작이 힘이 센 레슬러를 고용했다는 것을 안 올리버는 동생 올란도를 시합에 억지로 참가하게 한다. 그즈음 올란도도 형에게 학대받고 짐승과 같은 취급을 받는 것을 견디지 못하고 독립을 생각한다. 결국 시합에 참가한 올란도는 고용된 레슬러와 싸워서 이긴다. 그것을 보고 있던 로잘린드는 올란도에게 첫눈에 반해버린다.

올란도 역시 로잘린드에게 반했지만 먼저 말을 걸지는 못한다. 이것이 첫 만남이다. 그 후, 새로운 공작은 자신의 딸 시리아보다 로잘린드가 훨씬 뛰어나고 인기가 많은 것을 시기해 그녀도 추방해버린다. 그래서 로잘린드는 부친이 있는 아덴의 숲으로 향한다. 시리아는 쌍둥이 자매처럼 사이좋게 자란 로잘린드가 자신의 아버지에게 추방당하자 자신도 어릿광대를 데리고 성을 나와 아덴의 숲으로 간다.

한편, 올란도도 형 올리버가 자신을 죽이려 한다는 것을 알고 아덴의 숲으로 도망친다. 한 가지 재미있는 사실은 올란도에게 그것을 알려준 노복인 아담 역할을 초연 때 셰익스피어 자신이 직접 연기했다는 것이다. 이렇게 해서 배우가 모두 한자리에 모이게 된다. 숲에 들어온 올란도는 숲의 나무를 깎아 로잘린드를 사랑하는 마음을 시로 쓰고 다닌다. 로잘린드는 숲으로 도망쳐 올 때 여자끼리는 위험하다고 생각해 남장을 하고 개니메드란 이름을 쓴다.

남장한 로잘린드는 올란도가 사랑의 시를 써서 자신에게 바치고 있는 것을 알게 된다. 하지만 남자의 본심을 확인하고 싶은 마음에 남장을 한 채로 말을 건다. 그리고 상사병에 걸린 올란도에게 사랑의 병을 낫게 해준다며 자신을 로잘린드라고 부르게 한다. 달리 방법이 없었던 올란도도 그게 좋겠다며 '연애 놀이' 또는 '연인 놀이'를 시작한다.

이 연인 놀이를 생각해 낸 것은 남장을 한 로잘린드다. 연극의 세계에서는 변장을 하면 연인도 부친도 그 정체를 알아볼 수 없다. 정체를 알아버리면 연극이 성립되지 않기 때문에 올란도 역시 마지막까지 그 정체를 모른 채 연인 놀이를 한다.

'연인 놀이'를 제안한 로잘린드의 마음

- 올란도의 상사병을 고친다는 명목이 있다. 여자에 대한 험담을 이것저것 말하다 보면 사랑도 식을 것이다.

- 그렇게 해서 올란도의 본심을 살핀다. 올란도가 "그럼 관두겠어"라고 하면 자신에 대한 사랑은 진실이 아니었음을 알 수 있다.

- 올란도에게서 로잘린드라고 불리는 기쁨이 있다. 그녀가 이 놀

이를 떠올렸을 때 분명 이것을 염두에 두었을 것이다. 올란도는 그녀를 남자라고 생각하고 있기 때문에 어디까지나 게임으로 로잘린드라고 부르는 것일 뿐이다. 하지만 자신은 사랑하는 남자로부터 로잘린드라고 불리고 있다. 이 연인 놀이에는 그런 즐거움이 있다. 개니메드란 남자를 연기하고 있지만 연인 놀이를 하고 있는 동안에는 로잘린드의 본래 마음이 되는 것이다.

● 자신 역시 여자임을 의식하지 못한 채 여자에 대한 험담을 하는 동안 자신을 되돌아보게 된다.

연인 놀이의 장은 상당히 긴 장면에 걸쳐 있다.(제 4막 제 1장)
로잘린드가 올란도에게 "원하는 대로 말해 보세요"라고 한다. 그러자 올란도가 "그럼, 나를 사랑해 주시오 로잘린드"라고 호소한다. 로잘린드는 "물론 사랑하고 말고요. 일월화수목금토 매일"이라고 대답하고 시리아를 목사로 세워 가짜 결혼식을 올린다.

로잘린드 그렇다면 대답해보세요. "로잘린드를 아내로 맞이해 언제까지나 헤어지지 않겠습니까?"
올란도 태양이 동에서 떠올라 서로 지는 한 언제까지나 영원히.
로잘린드 태양이 동쪽에서 떠서 서쪽으로 질 때까지 하루 동안만, 이라고 하지 않는다면. 그래요. 올란도.
　　　　　남자란 사랑을 속삭일 때는 꽃피는 춘삼월이다가도 결

혼하는 순간부터 엄동설한이 된답니다.

여자 역시 처녀일 때는 5월이지만 결혼하고 나면 변덕스러운 날씨가 되죠.

저는요, 바바리산 수비둘기보다 질투심이 강하고 비오기 전의 앵무새보다 더 심하게 바가지를 긁을 거예요.

원숭이보다 더 새 것을 밝히고 아무것도 아닌 일에도 아르테미스상의 분수처럼 공연히 눈물을 쏟아낼 거예요.

당신이 기분 좋아 날뛸 때를 노려서요. 또한 당신이 졸려서 자고 싶을 때에는 하이에나처럼 미친 듯이 웃어댈 거예요.

올란도   과연 나의 로잘린드가 그럴까?

로잘린드   내 목숨을 걸고 맹세하는데 물론이죠. 틀림없어요.

올란도   아, 그러나 그녀는 총명하오.

로잘린드   총명하기 때문에 그럴 수 있어요. 여자는 영리할수록 종잡을 수가 없어요.

여자의 잔머리를 가볍게 보지 마세요. 잔머리의 문을 닫으면 창문으로 튀어나오고,

창문을 닫으면 열쇠 구멍으로 튀어나오죠. 그것을 막으면 연기가 되어 굴뚝으로 나오고요.

올란도   그런 영리한 여자를 부인으로 둔 남자는 "잔머리야, 오늘은 어디로 갈 거니?" 이렇게 물어야겠네요.

로잘린드   그런 말일랑 아껴두세요. 당신 부인의 잔머리가 이웃집

남자의 침대로 가기 전까지는요.

올란도 그럼 그때는 무슨 수로 변명하나요?

로잘린드 아마 당신이 옆집 여자의 침대에 와 있지 않나 확인하러 왔다고 할 거예요.

정어리가 아닌 여자를 아내로 맞은 이상 늘 그럴듯한 변명을 하겠지요.

그래요, 자기가 잘못한 것을 남편한테 뒤집어씌우지 못하는 여자는 아이를 낳아선 안돼요.

자식을 바보천치로 만들 테니까.

이 부분은 무척 흥미로운 내용이다. 이처럼 여자의 험담을 열심히 말하지만 결국 자신도 그런 여자 중 한 사람이다. 그것을 자각하지 못하는 사이에 자신을 되돌아보는 것이다. 그리고 이때 올란도가 공작(로잘린드의 부친)과의 식사 약속에 갔다 오겠다고 하자, 로잘린드는 토라져서 "좋아요, 가세요"라며 다음과 같이 말한다.

"모두들 그럴 거라고 하더군요.

나도 짐작은 했지만 감언이설에 그만 넘어간 거예요.

버림받았으니 죽어버리면 그만이죠."

이제 이 연인 놀이는 진심이 돼버렸다. 따라서 이 연인 놀이의 목적은 앞에서 열거한 항목 전체에 걸쳐 있다고 봐야 할 것이다. 그것이 이 장이 갖고 있는 의미다.

사랑하는 남녀의 사중주

그 다음으로 또 하나의 사랑이 있다. 올란도의 형인 올리버가 동생을 해치려고 이 숲에 와서 사자에게 공격당했을 때 동생이 몸을 던져 구해주기 때문에 결국 화해하게 되는데, 이것은 무대 밖의 상황이다. 그리고 시리아와 만나고, 이 올란도의 형과 로잘린드의 사촌동생도 만나자마자 첫눈에 반해 사랑에 빠져 결국 맺어진다.

또한 실비우스라는 양치기가 피비라는 양치기의 딸에게 반한다. 그런데 피비는 남장을 한 채 개니메드라고 자칭하는 로잘린드에게 반해버리지만 상대가 여자라는 것을 알게 되면서 결국 실비우스와 맺어진다.

그리고 시리아가 데려온 터치스톤이라는 어릿광대가 있다. 터치스톤이란 시금석이란 의미이다. 그 시금석이란 이름을 가진 어릿광대가 오드리라는 시골처녀에게 반하고 만다. 결국 이 네 쌍이 맺어지게 된다.

이 피비라는 양치기의 딸이 의외로 문학소녀도 아니면서 다음과 같은 대사를 말한다.

"죽은 양치기의 말을 이제야 알았어.

'사랑하는 자여,

　첫눈에 반하지 않은 자는 누구인가?'라는 것을."

(제 3막 제 5장)

이 문장은 운을 갖고 있다. 여기서 양치기란 시인을 곧잘 그렇게 부르는 말이다. 실제로 크리스토퍼 말로라는 셰익스피어의 선배작가가 쓴 〈히어로와 리앤더〉라는 이야기에서 "진정한 사랑을 하는 자는 모두 첫눈에 빠진다"라는 말이 나온다.

이것은 셰익스피어의 말로 사용되기도 하지만 실은 말로가 최초로 말한 것을 셰익스피어는 인용했을 뿐이다. 첫눈에 빠지지 않는 사랑은 진정한 사랑이 아니라는 것이다.

이 네 명의 사랑하는 남녀가 사랑이란 어떤 것인가를 입을 모아 노래하듯 말하는 장면이 있다.

피비　실비우스, 이 젊은 양반에게 사랑이 무엇인지 말해요.

실비우스　사랑은 눈물의 씨앗,

　　　　　　피비 때문에 내가 그 지경이죠.

피비　나는 게니메드 당신 때문에.

올란도　나는 로잘린드 때문에.

로잘린드　나는 여자가 아닌 사람 때문에.

(중략)

실비우스　사랑은 환상이지요.

　　　　　　정열과 헌신과 충성과 봉사고요.

　　　　　　사랑은 겸손과 인내와 순결과 시련과 복종이고.

　　　　　　나는 피비에게 그런 사랑을 바치지요.

(제 5막 제 2장)

나는 누구를 사랑한다고 네 명이 반복하고 있다. 이렇게 해서 태생도, 자란 환경도 전혀 다른 연인들이 똑같이 하나의 노래를 부르는 것은 그야말로 셰익스피어적이라고 하겠다.

십이야

〈십이야〉에서도 여주인공 바이올라는 남장을 한다. 쌍둥이 오빠와 바다에 빠져 헤어지게 된 바이올라는 남장을 하고 공작을 모시는 시동이 된다.

공작의 이름은 오시노로 바이올라가 모시게 됐을 때 올리비아라는 백작의 딸에게 빠져 있었다. 그녀는 아버지와 오빠도 잃고 혼자였다. 그래서 공작은 바이올라에게 귀엽게 생겼으니 사랑의 사자로 어울린다며 자신의 연애편지를 올리비아에게 전해달라고 한다.

그런데 바이올라는 그 오시노 공작에게 반해버렸다. 게다가 올리비아는 사랑의 사자로 온 바이올라에게 반하고 만다. 이로써 일방통행의 삼각관계가 만들어진다. 하지만 바이올라에게는 세바스찬이라는 쌍둥이 오빠가 있기 때문에 결국에는 두 쌍이 맺어지리라는 예상을 할 수 있다.

이렇듯 서로 채워지지 않는 사랑을 하고 있을 때, 오시노가 바이

올라에게 "진정한 사랑을 하는 자는 모두 나와 피장파장이다"라고
말한다.(제2막 제4장)

자신감을 갖고 말하지만 나중에 사랑의 대상을 바이올라로 쉽게
바꿔버리기 때문에 그리 대단한 사랑은 아니었을 것이다.

남장을 한 바이올라가 자신을 사랑하는 것을 모르는 오시노는 바
이올라에게 다음과 같은 대사를 들려준다.

"자고로 여자란 장미꽃과 같아서
한 번 활짝 피고나면 금방 시들어버리니까."

그러자 바이올라가 대답한다.

"옳습니다.
아! 얼마나 가엾습니까?
활짝 피었다 싶은 순간 바로 시들어버려야 하니까요."

두 사람 모두 운을 지니고 있는 대사로 노래하듯이 말했을 것이다.
이 또한 스스로를 되돌아보게 하는 대사이다. 여자란 슬프게도 덧없
는 생명이라고 스스로에게 타이르는 것처럼 들린다. 공작이 그렇기
때문에 여자의 마음이란 벅찬 사모의 정을 담을 만큼 크지 못하다고
하자 바이올라는 다음과 같이 답한다.

"여자들도 우리 남자들처럼 진실하답니다.
제 아버지에게는 딸이 하나 있었는데
어떤 남자를 사랑했답니다.
마치 제가 여자라면 공작님을
열렬히 사랑했을 것 같이 말입니다."

바이올라가 남장을 하고 있기 때문에 오시노는 그 마음을 모른 채 "그래, 그녀의 사랑은 어떻게 됐느냐"라고 묻는다. 바이올라는 이렇게 말한다.

"공작님, 그녀는 백치였어요.
끓어오르는 사랑을 가슴 깊숙이 감춘 채
꽃봉오리를 벌레가 갉아 먹어버리듯
상사병이 분홍빛의 두 볼을 수척하게,
몸은 야위고 슬픔에 잠겨 흡사 돌을 쪼아 만든
인내의 석상처럼 비탄에 빠진 채 웃음을 띠고 있었지요."

자신의 마음을 "아버지에게 딸이 하나 있었는데……"라는 형태로 호소한 것이다. 물론 당신을 사랑한다고 직접적으로 말하지 못하기 때문에 이런 표현을 썼다.

여기서 '인내의 석상처럼'이라는 표현까지 쓰고 있는데 사랑을 하고 있는 자신의 모습을 제대로 직시하며 되돌아보고 있는 것이다.

이상 세 작품을 종합해보면 〈헛소동〉에서 베아트리체와 베네딕은 친구들의 선의의 장난에 의해, 그리고 로잘린드는 연인 놀이에 의해, 마지막으로 바이올라는 자신의 남장에 의해 자신을 되돌아보고 진정한 자신을 발견해 간다.

결말에서는 모두 사랑의 결실을 맺게 된다, 이것이 희극시대라고 불리는 시기에 나온 로맨틱 코미디의 최고봉이다. 이 세 작품의 공통된 테마는 자신을 재발견하고 사랑을 이룬다는 것이다.

〈로미오와 줄리엣〉이나 〈한여름 밤의 꿈〉에서는 그런 관점이 없었다. 따라서 이것은 인생의 제 2단계, 즉 어른이 되어갈 때의 사랑이다.

Chapter 09
흔들리고 방황하는 사랑

햄릿

내적 카오스

다음 단계는 비극의 시대로 성인, 즉 어른들의 흔들리고 방황하는 사랑이다. 주인공은 자신이 정말로 사랑하고 있는지 아닌지조차 알 수 없게 되는 '내적 카오스'에 빠진다.

인간은 강한 충격을 받으면 여태껏 믿어왔던 모든 것을 전혀 믿지 못하게 되는 경우가 있다. 무엇이 선이고 무엇이 악인지를 정하는 가치기준, 혹은 어떻게 행동해야 할지를 결정하는 판단력, 혹은 자신은 누구인가라는 자기인식, 이런 것들이 붕괴돼 혼돈상태가 되고 만다.

햄릿의 경우

햄릿의 경우는 어떨까. 내적 카오스의 원인으로 가장 먼저, 너무 이른 어머니의 재혼을 들 수 있다. 전 남편의 동생과 재혼하는 것은 당시에는 근친상간으로 여겼다. 영어로 말하면 incest로 햄릿은 incest라는 명사와 incestuous라는 형용사를 써서 어머니를 비난했다.

그리고 그 유명한 "약한 자여, 그대 이름은 여자이니라!"라는 대사를 외친다. 이는 체력 면에서 약한 자라고 하는 것이 아니라 마음이 약한, 즉 마음이 변하기 쉬운 자를 뜻하는데, 모친의 너무 이른 재혼을 탄식하는 대사이다. 여기서 햄릿은 여성 불신에 빠지게 된다.

두 번째로 그런 어머니로부터 자신이 태어났다는 사실이다. 햄릿의 맨 처음 독백은 자살을 원하는 내용으로 시작된다.

> "아아, 이 더러운 육체여!
> 차라리 녹아버려 이슬이 되거라.
> 전능하신 신은 왜 자살을 금하는 율법을 정해서
> 자살을 못하도록 하시는가!
> 아, 지루하고 멋없고 살 가치도 없는 세상이여!
> 정말 지긋지긋하구나."
>
> (제1막 제2장)

믿을 수 없는 어머니, 남편이 죽고 한두 달 만에 재혼해 버린 그 어머니에게서 자신이 태어났다. 따라서 자신도 이 세상에서 사라져버리고 싶다는 자기 불신과 자살 원망(顧望)이 동시에 생겨난 것이다.

거기에 부친의 망령이 나타나 "나는 동생에 의해 목숨뿐만 아니라 왕관과 왕비마저도 한꺼번에 빼앗기고 말았다. 햄릿, 내 아들아 복수하라"라고 한다. 여기에 세 번째와 네 번째 원인이 있다. 인간 불신과 복수라는 무거운 짐까지 지게 된 것이다.

아버지의 망령과 만난 후 햄릿은 친구 호레이쇼에게 말한다.

"호레이쇼, 이 세상에는 우리들의 철학으로는
도저히 상상조차 할 수 없는 일이 많다네."

(제 1막 제 5장)

지금까지의 햄릿은 인간이 왕좌를 차지하기 위해 친형을 죽이고 그 왕비를 빼앗는 짓을 할 수 있으리라고 전혀 생각하지 못했다. 인간을 믿고 있었다. 그런데 갑자기 나타난 아버지의 망령으로부터 친동생에게 목숨도 왕관도 왕비도 한순간 빼앗겨버렸다는 말을 듣는다. 원래 주는 것 없이 미웠던 숙부 클로디우스지만 그런 짓까지 했다는 사실에 혼란스러워 한다. 철학으로 도저히 상상조차 할 수 없는 일이 이 세상에는 있다는 것을 알게 됐다. 여성 불신, 자기 불신에서 인간 불신에까지 빠져버렸다.

여기서 철학이란 논리적인 사고법을 말한다. 철학을 믿을 수 없게 됐다는 것은 논리적인 질서를 믿지 못하게 됐음을 뜻한다. 이 혼돈을 용인하는 것에서 인간 불신이 시작됐다. 그리고 다음과 같이 말한다.

"세상은 관절이 어긋나듯 난장판이다.
이 무슨 악연이냐!
내 그걸 바로 잡을 운명을 지고 태어나다니!"

왕자로서 그 어긋난 세상을 바로잡기 위해 태어났다는 것은 얼마나 가혹한 일인가. 결국 세상 불신에 빠지고 말았다.

네 번째로 이렇게 아무것도 믿지 못하게 된 내적 혼돈 상태에서 부친의 망령으로부터 복수의 사명을 부여받았다. 그래서 거짓으로 미친 척하게 된다. 복수극에서는 전통적으로 복수하는 자가 일부러 미친 척하고 상대를 방심하게 만들어 접근한 다음 복수를 끝내고 자신도 죽는다. 이것이 당시 복수극의 전형이었다.

일본 가부키에서 쓰는 '만들어진 바보'라는 표현이 있다. 오이시 구라노스케가 기온에서 게이샤와 주색잡기를 하는 것처럼 꾸며 '멍청한 사람(晝行燈, 히루안돈: 낮에 켜놓은 등불처럼 있어도 소용없는 사람)'이라 불러 상대를 방심하게 했다. 이것은 동서를 막론하고 복수극의 전형적인 형태이다.

오필리아의 경우

한편 오필리아는 어떻게 됐을까. 오빠 레어티스와 아버지 폴로니어스로부터 햄릿과 사귀지 말라는 말을 듣는다. 햄릿은 한 나라의 왕자이다. 결국 자신이 좋아하는 사람과는 맺어질 수 없는 운명이다. 결혼상대는 국민 전체의 동의가 있어야만 한다. 따라서 왕자는 잠깐 즐기려는 마음뿐이고 나중에 버림받으면 오필리아만 불쌍하다는 것이 오빠와 아버지의 생각이다.

오필리아는 솔직하게 수긍하며 받아들이지 않고 오빠에게 "나한테 설교하지 마. 내가 몸가짐을 그르쳐서 타락하는 일은 없어"라며 반발한다. 아버지에게도 반발하지만 결국에는 "아버지 말씀에 따르겠어요"라고 동의한다.

결국 오필리아는 아버지가 햄릿에게 살해당하자 미쳐버린다. 그것이 오필리아 광란의 장(제4막 제5장)이다.

그 광란이 있기 전에 수녀원의 장(제3막 제1장)이 있다.

햄릿은 현재 내적 카오스에 빠져 있다. 하지만 오필리아는 질서의 세계에 남아 있다. 결국 햄릿과 내적 수준이 다르기 때문에 햄릿이 수녀원에 가라고 해도 오필리아의 마음에는 와 닿지 않는다.

햄릿이 "수녀원으로 가시오"라고 한 것은 희망이 없는 절망의 소리이다. "너 수녀원에 들어가"라고 하면 "네. 알겠어요. 그럼 내일 가겠습니다"라고 대답하리라는 기대는 처음부터 없었다. 오필리아가 아름답고 순결한 채로 있기 위해서는 수녀원에 가는 방법밖에 없다.

그러나 이런 생각이 제대로 전해지지 않기에 희망이 없는 절망의 소리가 되고 만다.

수녀원의 장을 통해 무엇을 알 수 있을까? 햄릿은 내적 카오스에 빠져 있기 때문에 여자도 자신도 아무것도 믿지 못하는 상태이다. 하지만 오필리아는 아직 인간을 믿고 있다. 따라서 생각의 수준에 차이가 있다.

햄릿은 아름다운 어머니가 아버지를 배신한 것으로 받아들이고 있다. 즉, 아름다운 여자는 반드시 배신을 한다고 생각한다. 그래서 오필리아에게 "당신은 정숙한 여자요? 아니, 당신은 아름답소?"라고 추궁한다. 햄릿은 아름다움과 정숙함은 하나가 될 수 없다고 생각한다. 오필리아는 아름다움에는 정숙이 더욱 걸맞다고 생각한다. 그런 생각의 차이에서 엇갈림이 시작되고 있다.

다음은 수녀원의 장에서 가장 중요한 장면이다.

햄릿　나도 한때는 당신을 사랑했었지.

오필리아　왕자님, 저도 그렇게 믿고 있었습니다.

햄릿　믿지 않았더라면 좋았을 걸.

　　　　나쁜 바탕에 아무리 미덕을 덧붙여 봐도

　　　　원래 성격이 아주 소멸될 수야 있겠소.

　　　　처음부터 나는 당신을 사랑하지 않았소.

오필리아　그렇다면 제가 착각한 거로군요.

햄릿　더 이상 죄를 짓지 말고 수녀원으로 가시오.

I did love once.라고 시작하고 곧바로 그것을 부정한다. 여기서 말하는 '나쁜 바탕'이란 자신의 어머니를 말한다. 아버지를 배신한 비천한 여자라는 뜻이다. 어떤 미덕을 덧붙여도 나쁜 바탕 즉, 어머니에게서 태어난 자신 역시 비천한 사람이라는 것이다. 그리고 처음부터 너를 사랑하지 않았다고 I loved you not. 흔들리며 자신의 말을 부정해버린다. "그렇다면 제가 착각한 거로군요"라고 오필리아가 슬퍼하자, "수녀원으로 가시오"라고 위압적으로 강요하지 않고 타이르듯 말하고 있다. Get thee to a nunnery.라고.

햄릿의 사랑

19세기 이후 항상 문제는 햄릿이 과연 오필리아를 진정으로 사랑하고 있었느냐 하는 것이다. 햄릿은 오필리아를 사랑했다고 말하고, 또한 사랑하지 않았다고 말한다. 도대체 뭐가 진심이고 뭐가 거짓일까. 아마 이 시점에서 햄릿은 스스로도 사랑했는지 사랑하지 않았는지를 잘 몰랐을 것이다.

그 이유는 사랑을 판단하는 기준이 없었기 때문이다. 내적 카오스에 빠지면 긍정인지 부정인지 결정할 수 없다. 그것이 내적 카오스다. 다양한 학자의 표현을 종합해보면 실은 사랑하고 있었다는 설이 7할이고 사랑하지 않았다는 설이 3할이다. 케임브리지대학의 J. D. 윌슨(존 도버 윌슨)이란 학자는 사랑하지 않았다는 설을 주장했다. 후쿠다 쓰네아리의 〈햄릿〉 해석은 존 윌슨을 따라 사랑하지 않았다는 설을 내세우고 있다.

크게 건너뛰어 오필리아의 매장의 장(제 5막 제 1장)을 살펴보면, 우연히 영국행 배가 해적의 습격을 받아 돌아오게 된 햄릿이 호레이쇼와 둘이서 마침 그곳을 지나갈 때 장례 행렬이 나타난다. 누구의 장례인가 했더니 오필리아였다.

그 사실을 알게 된 햄릿은 그늘에서 튀어나와 오필리아의 오빠 레어티스와 맞붙어 싸운다. "나는 덴마크의 왕자 햄릿이다"라며 무덤으로 뛰어들어 레어티스와 맞붙는다. 그리고 다음과 같이 말한다.

"나는 오필리아를 사랑했다.
오빠가 4만 명이나 되어 그 사랑을 몽땅 합친다 해도
감히 내 사랑에는 미치지 못할 것이다."

이것이 햄릿의 진심이라고 생각한다.

앞서 말한 존 윌슨은 햄릿이 뛰어들어간 이유를 오필리아를 사랑하지 않았던 자책감 때문이라고 한다.

이것은 상당히 교묘한 심리분석이지만 근대소설이 아닌 연극이기 때문에 말한 것을 그대로 믿어도 좋다. 즉, 오필리아가 죽었다는 사실을 알고 그제야 그녀에 대한 사랑이 폭발했다고 해석할 수 있다. 죽은 여자는 배신하지 않기 때문이다. 살아 있는 여자는 믿지 못했던 햄릿도 오필리아가 죽자 자신이 그녀를 사랑했음을 깨닫고 뛰어든 것이다.

햄릿은 지금 자신이 사랑하고 있는지 아닌지도 스스로 판단하지 못한다. 내적 카오스에 의한 긍정과 부정의 더블 이미지(어느 화면에 다른 화면을 겹쳐서 비추는 방법)에 빠져 방황하고 있다.

이것은 로미오에게서는 절대로 찾아볼 수 없는 방황으로 햄릿의 사랑은 스스로도 사랑하는지 아닌지 판단하지 못하는 사랑이다.

하지만 결국 사랑하기 때문에 방황하는 것이다. 처음부터 아무것도 느끼지 못했다면 방황할 리가 없다. 그런 의미에서 사랑이 있었다는 전제가 없으면 이 이야기는 성립되지 않는다.

오셀로

군인·기사의 사랑

다음은 〈오셀로〉를 살펴보자. 우선 내적 카오스에 빠지기 전의 오셀로는 군인으로서 또는 기사로서 분명한 가치 기준을 갖고 있었다. 그가 훌륭한 군인이라는 증거는 오셀로의 첫 대사에서 확인할 수 있다.

그 첫 대사란 부하인 이아고가 오셀로의 험담을 하는 녀석이 있으니까 "놈의 갈빗대를 우지끈 부셔놓고 싶었다"고 하자, "참기를 잘했어" This better as it is.(제 1막 제 2장)라고 한다. 그런 녀석이 있으면 끌고오라든지 때려버리라고 하는 소인배가 아닌, 그야말로 당당한 군인의 대사이다.

그리고 오셀로와 야반도주한 것에 화가 난 데스데모나의 부친이 병사를 데려와 포위하자 다음과 같이 말한다.

"번쩍이는 칼들을 거두도록 하라. 밤이슬에 녹슬지 않도록."

("Keep up your bright swords, for the dew will rust them.")

이것은 훌륭한 시다. 역시 당당한 군인이다.

그리고 원로원에서 데스데모나와의 사랑의 경위에 대해 묻자 "그녀는 지난날의 고생을 동정하여 나를 사랑해주고, 동정해주는 까닭에 나는 그녀를 사랑했습니다"라고 대답한다.

요컨대 이것은 데스데모나의 외모가 아름답다거나 신분이 높아서가 아니라, 그런 위험과 고난을 겪으며 살아온 자신의 삶을 애틋하게 생각해줬기 때문에 그녀를 사랑한다는 것이다.

데스데모나도 원로원에 불려가 다음과 같이 말한다.

"원래 군인인 그이의 인품 그 자체에 마음이 끌렸습니다.
그리고 오셀로님의 얼굴을 그 마음 속에서 발견하고
그이의 명예와 용맹 속에서
저는 심신을 바쳐 그의 부인이 되었습니다."

(제 1막 제 3장)

따라서 피부색이 검다든지 나이가 두 배 가까이 차이가 난다든지 하는 것은 문제가 되지 않는다. 오셀로는 군인으로서 그녀를 사랑했고, 군인인 그를 데스데모나도 사랑했다. 그때 마침 투르크군이 키프로스 섬으로 향하고 있다는 보고가 올라왔다. 데스데모나가 야반도주했던 바로 그날 밤, 오셀로는 키프로스 섬으로 향한다. 용병대장으로서 당연히 가장 먼저 해야 하는 일이다.

그리고 데스데모나도 군인으로서 그의 인품에 반한 이상 마냥 기다리고만 있을 수는 없었다. 자신도 전장에 따라갈 수 있도록 허락을 받아 이아고와 함께 오셀로와는 다른 배로 키프로스에 간다. 도중에 신풍이 불어 투르크 함대는 싸우지도 못하고 전멸해버려 데스데모나가 탄 배가 키프로스에 먼저 도착하고 나중에 오셀로가 도착한다.

그리고 키프로스 섬에서의 재회 장면(제 2막 제 1장)에서 데스데모나를 본 오셀로가 "아아, 아름다운 병사!"라고 외치자 데스데모나도 "나의 오셀로!"라고 답한다. 그 뒤에 오셀로가 이어서 말한다.

"죽는다면 지금 죽는 것이 제일 행복할는지도 몰라.
뭐라고 말할 수 없이 마음이 충족해서,
이런 만족은 미지의 장래에도
 두 번 다시 오지는 않을 것 같소."

데스데모나도 대사를 받아 이어간다.

"어쩌면 그런 말씀을.
신이시여, 우리들의 사랑과 기쁨이
날이 갈수록 깊어지게 해주소서."

그러나 오셀로의 "지금 죽는 것이 제일 행복할는지도 몰라"라는 말은 그대로 맞아떨어진다. 그 직후인 다음날 아침, 그는 이아고가 꾸민 일 때문에 질투로 미쳐간다. 물론 이때는 아직 의심 한 점 없이 데스데모나를 믿고 있다. 거기서 죽었다면 행복했을지도 모른다.

이것은 연극 용어로 드라마틱 아이러니, 즉 극적풍자라고 한다. 알기 쉽게 말하면 본인이 의식하지 못한 진실을 짐작으로 알아맞혔다는 것이다. 이것은 셰익스피어가 자주 쓰는 기법이기도 하다.

사랑이 질투로 바뀔 때

여기까지는 군인으로서의 사랑을 증명하는 것이었다.

〈오셀로〉에서 가장 주목해야 할 것은 Temptation scene이라 불리는 유혹의 장(제 3막 제 3장)이다. 여기서 Temptation이란 '질투하게끔 끌어들인다'는 의미이다.

우선 이아고는 무슨 짓을 했는가. 데스데모나를 짝사랑하고 있는 로드리고란 남자를 이용해 부관인 캐시오에게 시비를 걸게 한다. 술이 약한 캐시오에게 술을 먹이고 로드리고에게 시비를 걸도록 시켰다. 그리고 싸움이 큰 소동이 되자 키프로스 섬의 수비대장인 몬타노가 캐시오를 말리며 취해서 소란을 피우면 안 된다고 한다. 흥분한 캐시오는 "뭐, 내가 취했다고?"라며 대들어 몬타노에게 중상을 입히고 만다.

거기에 오셀로가 와서 "캐시오, 지금까지 자네를 아껴왔지만, 이제 내 부관으로 둘 수는 없다" 이제 부관에서 해고라고 말한다. 그러자 캐시오는 "명예, 명예, 명예! 아아, 나는 명예를 잃고 말았다! 내가 갖고 있는 것 중 가장 소중한 것을 잃어버렸어. 여기에 있는 것은 짐승이나 다름없는 잔해다"라며 한탄한다.

그런 그에게 이아고는 "어떻게 해야 할지 제가 말씀드리지요"라며 방법을 가르쳐준다. 지금은 장군의 부인이 바로 장군이라고. 즉 장군을 지배하고 있는 사람은 데스데모나이므로 "부인에게 가서 솔직하게 털어놓고 복직이 되도록 사정해보세요"라고 권한다.

좋은 방법이라고 생각한 캐시오는 잠도 자지 않고 다음날 아침 데스데모나를 찾아가 복직을 주선해달라고 부탁한다. 데스데모나는 자신들을 맺어주고 많은 의지가 됐던 캐시오의 부탁을 흔쾌히 받아들인다.

이아고는 때맞춰 오셀로를 데려와 멀리서 그 장면을 보게 하고 "저런! 저래선 안 되는데"라고 말한다. 오셀로가 "뭐가?"라고 묻자, "뭐, 아무것도 아닙니다. 실은 지금……. 아니, 아무것도 아닙니다"라며 얼버무린다. 오셀로 "지금 내 아내와 만나고 있었던 자는 캐시오가 아닌가?"라고 하자, "캐시오 부관님이라고요? 아뇨, 그럴 리가 있겠습니까"라고 말한다.

이윽고 데스데모나가 찾아와 캐시오에게 복직을 부탁받았다고 하자 오셀로도 언젠가 복직시켜주겠다고 한다. 그 다음 이아고와 오셀로 둘만 남았을 때 이아고의 '간계'가 시작된다.

이아고 고귀하신 장군님. 부인께 청혼하실 무렵 마이클 캐시오는
          장군의 심중을 알고 있었습니까?

오셀로 처음부터 끝까지 알고 있었지. 그건 왜 묻나?

이아고 그저 좀 생각난 게 있어서요. 뭐 그 이상 별로.

오셀로 생각난 거라니, 뭔가 이아고?

하지만 좀처럼 시원스레 말해주지 않는다. 그리고 '생각'이라는 눈에 보이지 않는 것을 둘러싸고 대화가 이어진다.

오셀로가 "캐시오가 정직하지 않다는 건가?"라고 묻자 이아고는 "정직하다고요?"라고 반문한다. "자넨 어떻게 생각하나?"라고 다시 묻자, "어떻게 생각하다뇨?"라고 그 역시 되묻는다. 나의 스승인 나카노 요시오 선생은 "되묻는 것은 사람을 불안하게 한다"고 했다. 예를 들어 밤길을 걸을 때 뒤에서 오는 사람이 자신의 발소리에 맞춰 걸어오면 불안해지는 것과 마찬가지다.

그리고 오셀로가 "자네 말에 무슨 의미가 있는 것 같은데. 지금도 캐시오가 내 아내 곁을 떠날 때 자넨 언짢은 표정을 짓지 않았는가"라며 추궁하자 결국 이아고는 털어놓는다.

"제 짐작이 틀릴지도 모르니
 장군께서는 크게 염두에 두지 마십시오.
 전 타고난 경계심 때문에 때로는 있지도 않은 남의 결점을 찾아내고 만들어내는 나쁜 버릇이 있습니다."

자신을 비하하면서(이것이 상대방의 신용을 얻는 수단이다), 갑자기 다음과 같은 이야기를 한다.

"명예는 남녀를 불문하고 소중한 법입니다.
우리 영혼의 값진 보배니까요.
지갑이야 도둑 맞아봤자 별겁니까?
돈이란 있다가도 없는 거니까요.
그렇지만 명예라는 것은 훔친 놈에게는
아무런 이득이 없는데 잃은 쪽만 손해를 보게 됩니다."

명예란 군인에게 심장과 마찬가지다. 오셀로는 이아고가 왜 갑자기 그런 이야기를 하는지 영문을 알 수 없어서 "아무래도 자네 생각을 들어봐야겠군"라고 이야기하자, 이아고는 "그건 안 될 말씀입니다"라고는 곧바로 다음과 같은 유명한 대사를 말한다.

"장군, 부디 질투심을 경계하십시오.
질투심이란 희생물을 마음대로 조종하고 잡아먹는
푸른 눈의 괴물입니다."

그러나 오셀로는 자신은 경박하게 질투 따위는 하지 않는다고 말한다.

"나는 의심이 생기면 단번에 해결할 거야.

나는 의심이 들면 증거를 찾을 거다.

증거를 찾으면 답은 한 가지,

사랑이 아니면 질투심을 당장 버리든지 둘 중 하나겠지!"

질투에 사로잡히기 전이라 꽤 냉정하게 생각한다. 그에 대해 이아고는 다시 말한다.

"부인을 잘 살펴보십시오.

특히 캐시오와 함께 계실 때 말입니다.

글쎄, 눈을 크게 뜨고 의심하지도 않지만

그다지 신뢰하고 있지도 않다는 식으로요."

오셀로로 하여금 부관 캐시오와 부인 사이에 뭔가 있다는 것을 믿게끔 만든다. 그리고 결정적인 대사가 이어진다.

"저는 제 고향 사람들의 성격을 잘 압니다.

베니스의 여자들은 음란한 짓을 신께는 태연히 보여도,

남편에게만은 숨깁니다.

그녀들의 양심이라는 건 안 하는 것이 아니라

들키지 않는 것이니까요."

이 말 때문에 오셀로도 부인을 의심하는 마음이 점점 커지게 된다. 같은 고향 사람이라는 말로 오셀로의 약점을 건드렸기 때문이다. 이 때부터 오셀로는 눈에 띄게 말수가 줄어간다. 이아고의 말을 믿어버린 증거다. 이런 점이 셰익스피어는 실로 능숙하다.

거기서 자신을 되돌아보게 한다. 원래부터 알고 있었지만 자신은 흑인이고 귀족과 같은 우아한 태도도 지니지 못했고 나이도 한창때를 지났다. 따라서 데스데모나에게 자신이 많이 부족하다고 생각하게 된다. 그러나 데스데모나가 등장하자 다시 원래 상태로 돌아가고 만다.

"저 여자가 불의를 저지르다니.
만일 그렇다면 하늘은 스스로를 속인 거야!
나는 그것을 믿을 수 없어!"

대사를 한 뒤 퇴장한다. 바로 이 점이 셰익스피어 작품의 진수를 느끼게 한다. VTR로 연속해서 보면 좀처럼 비약하기 어렵지만 연극이기 때문에 가능한 연출이다. 일단 퇴장했다가 다시 나오면 관객은 그 사이에 뭔가가 부풀려지거나 사그러들었다고 상상할 수 있다.

퇴장해 있는 동안 오셀로의 의혹은 크게 부풀려져서 다음에 나왔을 때 오셀로는 "작별이다, 작별이다." farewell, farewell이라는 단어를 반복한다.

오셀로 아무것도 몰랐더라면.

설사 군대 안의 병사를 포함하여 모든 군인이 그녀의 육
체를 맛보았다 하더라도 나는 행복했을 텐데.

아아, 평온한 마음과는 영원히 작별이구나!

만족할 줄 아는 마음도 안녕!

깃털 장식을 한 군대도,

공명수훈을 다투는 전쟁도 마지막.

아, 마지막이다!

울어대는 군마, 드높은 나팔소리,

마음을 설레게 하는 북소리,

귀를 뚫는 피리소리, 장엄한 군기,

무엇이든 영광스런 전쟁의 자랑도 찬란함도 장관도

모두 마지막이다.

그리고 아아, 위력 있는 대포야.

무서운 절규로 뇌신 주피터의 성난 외침을

압도해버리는 너하고도 작별이다!

오셀로의 영예는 다 끝나버리고 말았다!

질투에 미쳤을 때 처음으로 하는 대사가 이 farewell speech이다.
"작별이다, 작별이다." 이는 군인으로서의 모든 긍지를 버린다는 것
을 의미한다. 지금껏 군인으로서 바르고 곧은 가치관을 갖고 있었지
만 그 군인인 자신에게 작별이라고 말한 것이다. 이것은 그가 내적

카오스에 빠졌음을 의미한다.

그리고 이아고에게 "내 아내가 음탕한 계집이라는 증거를 보여라." "증거가 없을 시엔 네 놈 목숨도 없을 줄 알아라!"라고 한다. 그 말에 이아고는 "저는 사직하겠습니다. 면직시켜 주 시오. 아, 못난 놈이다, 성심성의를 다해 얘기한 것이 그만 악당이 되어버렸어!"라고 하자, "아냐, 거기 있어. 않는 정직한 것 같다"라며 흔들린다. 그리고 그 다음 대사이다.

"사실,

나는 내 처를 결백하다고 생각하다가도

그렇지 않다는 생각이 든다.

　또한 정직한 사람이라고 생각하다가도

그렇지 않다는 생각이 든다."

("I think my wife be honest and think she is not,

I think that thou art just and think thou art not.")

이것은 긍정과 부정의 더블 이미지를 나타내며 그것을 and로 잇는다. honest란 정직이란 의미로도 쓰이지만 여자가 주어인 경우에는 chaste 즉, 정숙, 정결이라는 의미로도 쓰인다. 〈햄릿〉의 수녀원의 장에서 햄릿도 오필리아에게 "당신은 정숙한 여자요? 아니 당신은 아름답소?"라고 물었을 때 honest를 썼다.

이 긍정과 부정의 동시적 체험은 내적 카오스의 상징이다. 오셀로도 이아고에게 속아 질투에 미쳤다가 가까스로 다시 냉정을 되찾고, 다시 질투에 미쳐가는 것을 되풀이하면서 그 질투는 점점 커져간다.

"나는 이렇게 나의 어리석은 사랑을
모두 하늘로 날려버린다.
사라져버렸다."

이 장면을 로렌스 올리비에의 영화를 통해 인상 깊게 봤다. 오셀로는 흑인이면서도 십자가 목걸이를 하고 크리스천임을 보였다. 하지만 이 장면에서 올리비에는 십자가 목걸이를 쥐어뜯어 던져버린다. 연극무대에서도 실제로 목걸이를 던졌다고 한다. 그리고 그것이 전통처럼 되어 오셀로 역의 배우들이 때때로 목걸이를 던진다고 한다.

광란이라기보다 내적 카오스라고 봐야 한다. 이제껏 믿어왔던 모든 것이 아무것도 아니게 돼버렸음을 보여주고 있다. 사랑도 믿을 수 없고 신조차도 믿을 수 없다는 상태가 되는 것이다.

손수건의 희극

그 후 몇 차례 제 정신으로 돌아오지만, 여기는 매우 흥미로운 부분이기 때문에 강조해두고 싶다. 토마스 라이머의 〈비극관견(비극에 관한 좁은 식견)〉(1693)에서 '손수건의 희극(코미디)'이라고까지 불리는 장면이다.

손수건이라는 소도구가 있다. 이것은 오셀로가 자신의 어머니로 부터 부인에게 전해준 것이다. 집시여자가 주문을 걸어 만든 것으로, 부인이 이 손수건을 몸에 지니고 있는 한 남편의 사랑을 독차지할 수 있다고 한다.

오셀로는 질투로 미치기 시작했을 때 갑자기 "머리가 아프군"이라고 한다. 일반적인 두통이 아니라 이마에 뿔이 날 것 같다는 의미를 내포하고 있다. 지금 영국에서는 잘 쓰지 않는 표현이지만 '부인이 바람을 피우면 남편 이마에 뿔이 난다'고 해서 당시에는 이마의 뿔이 바람난 부인을 둔 남편을 상징했다. 따라서 "머리가 아프군"이라고 한 것은 부인에게 "너 혹시 불륜을 저지르고 있는 것은 아니냐"라고 하는 질문을 담고 있다.

하지만 데스데모나는 그런 의도를 전혀 눈치 채지 못하고 "그럼 제가 이 손수건으로 꼭 동여매 드릴게요"라고 한다. 그러자 오셀로는 "당신 손수건은 너무 작군"이라며 뿌리치고 그녀는 손수건을 떨어뜨리고 만다.

두 사람이 퇴장한 후 그것을 이아고의 처인 에밀리아가 줍는다. 남편이 필요하다고 했던 손수건임을 알고 그를 기쁘게 해주려고 건네준다. 이아고는 그것을 부관 캐시오의 숙소에 몰래 놓아둔다. 그 작은 손수건 하나가 소도구로서의 역할을 발휘해 데스데모나의 '불륜'의 증거로 사용된다. 그 방법이 너무나도 우연을 가장하고 있기 때문에 '손수건의 코미디'라고 불린다.

그 손수건은 오셀로가 처음으로 부인에게 준 선물이다. 떨어졌을 때 바로 줍지 않은 것이 데스데모나의 가장 큰 실수였다. 그리고 손수건을 발견한 캐시오는 딸기 문양이 예쁘니까 "이 수를 좀 본떠주지 않겠나?"라며 비앙카에게 건넨다. 비앙카는 장교들을 상대로 하는 고급 매춘부로 캐시오의 파트너이다. 그녀가 새로 생긴 연인의 선물이냐고 놀리자 캐시오는 "누구 건지 몰라. 내 방에 떨어져 있었어"라고 대꾸한다.

그 장면을 오셀로가 이아고의 부추김으로 멀리서 보게 된다. 저것은 장군이 준 선물을 부인이 캐시오에게 준 것이다. 그것을 다시 캐시오가 매춘부에게 주다니 괘씸한 일이 아닐 수 없다며 '불륜'의 증거로 보여주는 장면이다.(제 3막 제 4장)

그 직전에 오셀로가 먼저 손수건을 좀 보여달라고 한다. 하지만 데스데모나는 잃어버렸다고 말하지 않고 "그야 보여드릴 수는 있지요. 그래도 지금은 싫어요"라고 한다. 그것보다 캐시오의 부관 복직을 약속해주지 않았느냐며 따지고 들어 남편은 점점 더 질투로 미쳐간다는 장면이다. 거기서 오셀로가 "손수건이다, 손수건을 가져와라"라고 말하며 다그치는 장면이 있다.

이 장면에서 흥미로웠던 것은 올리비에가 연기한 오셀로이다. 보통의 배우라면 데스데모나를 다그치면서 손수건을 가져오라고 한다. 하지만 올리비에는 그렇게 하지 않았다. 울음을 터뜨릴 것 같은 눈을 하고 뒷걸음질 치며 마치 하늘의 은총을 바라는 사람처럼 "손수건이다, 손수건이다"라며 양손을 내밀었다. 지금 손수건을 내주기만 한다면 자신의 질투는 사라지리라는 간절한 바람을 담은 연기였다. 이 장면을 이렇게 표현할 수도 있다는 것에 감탄했다.

그러나 부인은 결국 손수건을 내놓지 못해 그의 질투는 점점 더 격해진 채로 퇴장한다. 이아고의 처인 에밀리아는 남편이 그런 나쁜 짓을 한 사실을 전혀 모르고 있었기 때문에 데스데모나에게 "남편 분은 분명 질투를 하고 계신 거예요"라고 한다. 그러자 데스데모나가 "난 아무 짓도 안 했는데, 무슨 의심받을 이유가 있어서?"라고 하자 에밀리아는 다음과 같은 대사를 말한다.

"그렇지만 질투심 많은 사람은 그것으로는 만족하지 않을 거예요. 이유가 있어서 질투하는 것이 아니라, 질투심이 많기 때문에 질투하는 것이에요. 질투심이란 저절로 배고 저절로 태어나는 괴물이거든요."

이것은 서민적 인간관이라고 할까, 즉 논리가 빠져있다. 이유가 있어서 질투하는 것이 아니라 질투하기 때문에 질투하는 것이라고 한다. 논리적이지는 않지만 맞는 말이다.

이제 마지막 장면(제5막 제2장)에서 드디어 부인을 살해하기로 결심한 오셀로는 양초를 들고 잠들어 있는 데스데모나의 침실로 들어간다. 이때 오셀로의 대사를 윌슨 나이트라는 비평가는 '오셀로 뮤직'이라고 부른다. 음이 아름다울 뿐만 아니라, 질투가 정화되어 성스러운 사랑으로 변해가는 힘을 포함하고 있기 때문이다.

"이것 때문이다. 이것 때문이다.

정말로 순결한 별들아.

이제는 내가 이것을 입 밖에 내지 않게 해다오!

아, 이것 때문이다.

그렇지만 아내의 피가 흐르게 하진 말자.

눈보다 희고 대리석 같이 매끄러운 피부에 상처는 내지 말자.

하지만 죽여야 한다.

그렇지 않으면 또 남자를 속일 것이다.

우선 이 불을 끄고나서 목숨의 불도 꺼야지.

그러나 등불아,

나는 너를 꺼버려도 뉘우치면 다시 켤 수 있지.

그렇지만 정묘한 자연이 만든

아름다운 네 육체 속에 타고 있는 불을 꺼버리면,

그 불은 다시는 켤 수 없지.

프로메테우스의 불을 찾아 어디를 헤매야 하나.

장미는 한 번 꺾이면 이제 영영 살아날 길이 없지.

시들어버릴 수밖에 없구나.

아직 가지에 있을 때 향기를 맡아 보자.

아, 향기 높은 입김.

정의의 신이라도 여기서는 칼을 꺾지 않을 수 없겠구나.

한 번 더, 한 번 더. 죽어서도 이대로 있어다오.

나는 너를 죽이고 그리고 사랑하겠어.

한 번만 더, 이게 마지막이다.

이렇듯 사랑스러운 것이 그렇게 나쁜 짓을 할 수가 있을까.

눈물을 참을 수 없구나. 그러나 잔인한 눈물이다.

아니, 신성한 눈물이다.

사랑하기 때문에 철퇴를 내리는 것이다.”

(제 5막 제 2장)

이것을 오셀로 뮤직이라고 한다.

그리고 자신이 속았다는 것을 알고 난 뒤, 이번 사건에 대해 베니스의 원로원에 보고한다는 것을 듣고, 자신에 대해 다음과 같이 전해달라고 한다. 이것이 마지막 대사가 된다.

“나는 국가에 대해서 다소의 공적이 있었소.

그것은 정부에서도 알고 있소.

하지만 그걸 말하자는 게 아니오.

단지 원하는 건 이 불행한 사건을 보고할 때

사실 그대로 전해주시기 바라오.

나를 조금이라도 두둔하거나

악의를 개입시키거나 하지 말아 주시오.

그러니까 이렇게 적어주시오.

‘분별은 부족했어도 진정 깊이 아내를 사랑한 남자였다.

경솔하게 남을 의심하지 않는 남자였으나,

속임수에 넘어가 극도로 당황하여 어리석은 인도인처럼

자기 민족보다 값진 진주를 그 손에서 내던져버렸다.

생전을 울어보지 않던 남자가

이번만은 슬픔에 못 이겨 눈물을 쏟았다.'

이렇게 써주시오."

어리석지만 너무나도 깊게 사랑한 남자. 원문으로 말하면 One that loved not wisely but too well이란 형태로 자신을 요약하고 있다. 현명하게 사랑하기는 어렵다며 자신의 어리석음을 인정하고 자살한다.

안토니와 클레오파트라

밖에서 안에서, 다시 밖에서

마지막으로 〈안토니(안토니우스)와 클레오파트라〉를 살펴보자. 〈로미오와 줄리엣〉과 〈오셀로〉, 〈안토니 클레오파트라〉 이 세 작품을 사랑의 비극이라고 한다. 각각 어린 남녀, 어른 남자와 어린 여자, 그리고 어른 남녀의 비극이다.

이 극의 특징은 우선 밖에서 비판적인 눈으로 본 다음, 안에서 감정이입을 하면서 본다. 그리고 다시 밖에서 비판적으로 본다. 이 리듬이 반복되고 있다.

이 연극의 제 1장에는 단역인 드미트리우스와 파일로가 먼저 등장한다.

"그래, 요새 장군님이 사랑에 빠져

정신을 못 차리시는 모양인데,

너무 지나치시단 말씀이야."

내용은 안토니에 대한 비판으로 시작된다. 즉 밖에서 안토니를 보고 있다.

그렇게 말하고 있을 때 클레오파트라와 안토니가 등장한다. 그리고 각자의 첫 대사는 다음과 같다.

클레오파트라　그것이 진정 사랑이라면 어느 정도 크기인지 알고 싶어요.

안토니　어느 정도라고 말할 수 있는 사랑은 한낱 비천한 사랑에 불과하오.

이것은 꽤 볼 만한 장면이다. 사랑의 크기가 어느 정도냐고 물어봐도 낚은 고기처럼 두 손을 펼쳐서 보여줄 수 있는 것이 아니다. 따라서 "어느 정도라고 말할 수 있는 사랑은 비천한 사랑에 불과하오"라고 대답한다. 그렇지만 클레오파트라는 쉽게 물러나지 않는다.

클레오파트라　그렇지만 당신의 사랑의 세계를 그 끝까지 전부 확인하고 싶어요.

안토니　그것을 확인한다면 당신은 새로운 세상을 보게 되는 것이오.

이 천지로는 가늠할 수 없고 new heaven, new earth가 필요하다고 한다.

이때 안토니는 43세, 클레오파트라는 29세다. 연극이 끝날 때까지 10년이 흘러 두 사람은 각각 53세와 39세에 죽었다. 따라서 이미 완전한 어른이라고 할 수 있다.

여자는 사랑의 크기를 알고 싶어 한다. 얼마나 사랑해주는지. 이것은 여자의 질문이다. 남자는 왜 나를 사랑하는지, 내 어디가 마음에 들었는지 이유를 알고 싶어 한다.

그리고 이 장대한 사랑의 스케일. 사랑의 크기를 묻자 이 천지로는 가늠할 수 없고 새로운 천지가 필요하다는 장대한 스케일을 이야기하고 있다.

로마에서 안토니를 찾는 사자가 오자 클레오파트라는 "당신의 부인 풀비아인지, 라이벌인 옥타비아누스로부터 로마로 돌아오라는 연락이 왔지요"라고 하자, 이집트의 알렉산드리아에 있는 안토니는 로마 따위 이제 아무래도 좋다며 이 대사를 내뱉는다.

"로마 따위 타이버 강에 잠겨버려라지!
세계를 잇는 제국의 거대한 아치도 다 무너져버려라 그래!
나의 우주는 이곳에 있소. (두 손으로 그녀의 몸을 그린다.)
왕국 따위는 흙덩이에 불과해."

이탈리아어로는 테베르 강이라고 하는, 로마에 흐르고 있는 큰 강이 타이버 강이다. 거기에 "잠겨버려도 좋다!" "나의 우주는 이곳에 있다"라며 클레오파트라의 실루엣을 두 손으로 그리고 있다. 이것 역시 스케일의 크기를 나타내는 것이다.

더욱이 로마에는 명예가 걸려 있는데, 그 국가나 명예보다 사랑이 우선이고 그에게 가장 중요하다는 것을 나타내고 있다.

그리고 서로 사랑하는 두 사람이 퇴장하자 다시 드미트리우스와 파일로가 나온다.

드미트리우스   우리 장군이 감히 저렇듯 옥타비아누스를 모멸할 수 있나?

파일로   글쎄. 안토니가 안토니가 아니게 되는 그런 날이 올 거야. 항상 안토니와 함께 있어야 할 위대함이 사라지는 날이.

두 사람은 이렇게 비판적으로 본다.

관객은 극의 흐름에 이끌려가므로, 처음에는 두 사람의 사랑을 밖에서 비판적으로 본다. 하지만 안토니와 클레오파트라의 대화를 듣고 있으면 감정이입이 되어 그들의 사랑을 이해하게 된다. 그리고 두 사람이 떠난 뒤 다시 밖에서 비판적으로 보게 된다. 이런 리듬이 이 연극 전체에서 반복되고 있다.

이 리듬이 멜로드라마로 치우치는 것을 막고 있다. 안토니와 클레오파트라의 대화만 본다면 멜로드라마에 감정이입을 할 뿐이다. 거기에 밖에서 비판적으로 보는 눈을 넣은 것이 과연 셰익스피어답다.

사랑과 명예의 싸움, 희롱?

그 다음 중요한 문제로, 이 단락의 제목은 당연히 사랑과 명예의 싸움이 됐어야 하지만 싸움이라기보다 어쩌면 희롱에 가깝다고 하겠다. 사랑과 명예가 싸우면 반드시 사랑이 이기기 때문이다.

우선 클레오파트라의 대사에서 "우리들의 눈과 입술에는 영원이 깃들었다"라는 사랑의 크기가 있다. 그런데 안토니에게는 폴비아라는 부인이 있고, 안토니의 라이벌 옥타비아누스는 지금 로마에서 세력을 얻고 있다. 또한 반역을 일으킨 폴비아가 죽었다는 연락이 온다.

게다가 폼페이우스의 아들인 섹스투스 폼페이우스가 병사를 일으켰다. 때문에 안토니는 로마로 돌아가야만 했다. 그때 클레오파트라는 몹시 투덜거린다.

"당신의 명예가 여기를 떠나라고 부르고 있어요.
그러니 제 넋두리엔 아예 귀를 틀어막고
신의 은총 속에 떠나세요."

(제 1막 제 3장)

명예가 걸려 있기 때문에 로마로 돌아가는 것을 인정하고 있다.

그 전에 안토니는 옥타비아누스, 레피두스와 함께 제 2차 삼두정 치*(기원전 43년)를 수립했다. 그렇지만 레피두스는 돈이 많아 삼두정 치에 끼어든 것일 뿐 힘은 갖고 있지 않다. 따라서 옥타비아누스와 안토니의 싸움이 된다.

안토니는 지금은 자신이 이집트에 파묻혀 있기 때문에 입장이 불리하다는 것을 알고 결국 옥타비아누스와 화해가 필요하다는 것을 인정한다. 그래서 부하가 말한 대로 옥타비아누스의 누나와 정략결혼에 동의한다. 옥타비아누스가 여러 가지 일로 추궁하자, 안토니는 옥타비아누스가 지금 꺼내는 말은 "신성한 명예에 관한 것이다" 그렇다면 나도 들어보겠다며 응한다.

"어쨌든 내가 원인이었다면
내 명예를 걸고 진심으로 사과하겠소."

(제 2막 제 2장)

결국 옥타비아누스의 누나 옥타비아와 정략결혼을 하게 되지만 곧바로 말한다.

"이집트로 돌아가자.

* **삼두정치** 고대 로마 공화제 말기에 행해진 3명의 유력한 정치가에 의한 정치체제. 제 1차는 기원전 60년 폼페이우스, 줄리어스, 카이사르, 크라수스 3인이다.

화해를 위해 이 결혼을 했지만

내 기쁨은 동방에 있다.”

(제 2막 제 3장)

I' the east my pleasure lies라고 하는 유명한 대사이다. 옥타비아
와는 어디까지나 정략결혼에 지나지 않는다는 고백이다.

안토니가 로마에 있는 동안 클레오파트라는 옛날 일을 떠올린다.
둘이서 낚시를 했을 때, 고용한 잠수부에게 안토니의 낚싯대에 물
고기를 걸게 하고 그것을 건져서 크게 기뻐했을 때의 일을 떠올리
며 생각에 잠긴다.

“아, 그때. 아, 그때가 있었지.

그때 내가 그 분을 보고 자꾸만 웃었더니

그만 성을 발칵 내셨어.

그런데 그날 밤에는 웃음으로 그 분의 기분을 다독거렸지.”

(제 2막 제 5장)

이 두 행에서 두 사람이 서로 사랑하는 모습이 잘 나타난다. 그것
을 클레오파트라는 떠올리고 있었다.

안토니도 재혼한 부인 옥타비아누스의 누나에게 이대로는 자신은
명예를 잃고 만다며 다음과 같이 말한다.

"내가 명예를 잃는다는 건 나 자신을 잃는 거나 진배없소.

명예를 잃고 당신의 남편이 되느니

차라리 당신의 남편이 되지 않는 쪽을 택하리라."

(제 3막 제 4장)

부인에 대한 사랑보다 명예가 우선이라고 말하고 있다. 하지만 이 것은 단순히 남자의 변명에 지나지 않는다. 그 핑계거리로 명예가 이용되고 있을 뿐이다. 이윽고 옥타비아누스가 이집트를 공격해왔다. 그때 육지에서 싸웠다면 안토니가 승리했을 것이다. 그런데 클레오파트라가 배와 해군을 갖고 있었기 때문에 안토니는 해전을 원했다. 그 결과 우열을 가릴 수 없는 전투가 되고 만다. 그리고 그때, 두려워진 클레오파트라는 도망쳐버린다.

그러자 안토니는 전투 중인데도 클레오파트라의 배를 뒤쫓아 도망가버려 결국 패배하고 말았다. 전투에서 패한 뒤 안토니의 부하인 스캐어러스는 말한다.

"이런 수치스런 전쟁은 내 평생을 두고 본 일이 없소.

전투의 경험, 남자의 기개와 명예를

스스로가 이처럼 더럽히다니."

(제 3막 제 10장)

한편 안토니 자신도 인정한다.

"나는 명예를 더럽혔다.

이건 부끄럽기 짝이 없는 실수다."

모든 이가 명예를 더럽혔다고 인정하는 장면에서 클레오파트라가 등장한다. 그 자리에서 후려갈겨도 시원치 않을 것을, 네가 도망쳤기 때문에 이렇게 됐다고 말해도 좋을 것을, "아, 장군님, 장군님, 용서해 주세요"라고 울며 말하자, 안토니는 받아들인다.

"눈물을 흘리지 마오. 그 눈물의 한 방울 한 방울은

내가 얻고 잃은 모든 것과 같이 소중한 거요.

키스해주시오. 그것만으로 나에겐 충분한 보상이 되오."

(제 3막 제 11장)

사랑과 명예가 갈등을 일으키지 않고 사랑 앞에서 명예가 녹아버린다. 이런 상황이 계속 반복되는 것이다. 옥타비아누스의 사자로 신분이 그리 높지 않은 티리우스(Thyreus)가 클레오파트라의 손에 입맞춤을 했을 때 안토니는 이를 용서하지 못한다. 왕이나 성주가 클레오파트라의 손에 입맞춤을 원해도 좀처럼 허락하지 않았는데 이런 비천한 놈에게 손을 허락하다니 무슨 짓이냐며 "이 매춘부야!"라고까지 퍼붓는다. 게다가 무지막지하게 덧붙인다.

"당신은 죽은 카이사르의 접시 위에 먹다 남은

차디찬 찌꺼기였소.

아니, 폼페이우스가 남긴 부스러기였지."

(제 3막 제 13장)

이는 처음에는 폼페이우스의 애인이었고 다음에는 율리우스 카이사르의 애인으로 그 사이에 시저리온이란 아들을 낳았으며, 지금은 안토니의 여자가 돼 있음을 비난하는 것이다.

그래서 나중에 옥타비아누스에게도 추파를 던지려고 하지 않았을까 하고 클레오파트라를 비난하는 사람이 있다. 클레오파트라는 왜 그렇게 했을까. 클레오파트라에게 가장 중요한 것은 프톨레마이오스 왕조의 존속이었다. 시저리온이라는 카이사르의 아들이 있었기 때문에 어떻게 해서든 그 아들이 뒤를 잇게 하고 싶었다. 그래서 왕조를 지키고 싶었다. 당시 세상은 로마가 지배하고 있었고 로마의 일인자가 곧 세상의 지배자였다. 따라서 로마의 대장이라고 생각되는 자에게 기대면 자신의 왕조는 안전하게 지켜진다. 때문에 가장 먼저 폼페이우스, 다음은 율리우스 카이사르, 그리고 안토니, 이제는 옥타비아누스에게 접근하려는 것이다.

순수한 사랑은 있었지만 그 사랑과는 별개로 왕조의 존속이 가장 큰 바람이기도 했다. 그렇기 때문에 한 여자로서의 사랑과 한 나라의 지배자로서의 입장에서 갈등이 있었을 것이다.

따라서 죽은 카이사르가 먹다 남긴 찌꺼기, 폼페이우스의 남긴 부스러기란 말을 들어도 클레오파트라는 "아직도 내 마음을 모르세요?"라고 반발한다. 정말로 사랑하는 사람은 당신뿐이라고 말하고 싶어서이다.

그 말을 듣고 안토니는 "이젠 잘 알았소"라고 한다. 역시 사랑이 명예나 질투를 간단하게 이겨버린다.

그리고 다시 바다에서 전투가 벌어지고 또 다시 패배하고 만다. 안토니는 화를 내며 "그 더러운 이집트 년이 날 배반했어" 그 때문에 자신이 졌다고 한다. 클레오파트라는 안토니가 격노하고 있는 것을 알고 자신이 죽었다는 거짓정보를 흘린다.

그러자 안토니는 그 말을 믿고 클레오파트라가 세상을 떴는데 자신이 치욕 속에서 구질구질하게 목숨을 연명하고 싶지 않다며 검으로 자신을 찌른다. 하지만 한심하게도 죽지는 못하고 크게 다치고 만다.

그때 클레오파트라가 살아 있다는 소식이 들리고, 안토니는 그녀가 있는 곳으로 옮겨져 결국 클레오파트라의 품에 안겨 "로마인인 내가 로마인인 내 손에 씩씩하게 사라져가는 것이다"라며 죽어간다.(제 4막 제 15장)

옥타비아누스의 사자는 클레오파트라에게 "깊이 사려하시어, 정당한 요구를 말씀하시면 얼마든지 받아들이겠다고 하십니다"라는 말을 전한다.

"만약 옥타비아누스가

정복한 이집트를 내 아들을 위해 나에게 주신다면

그것은 본래 나의 것이지만 나는 감사하며

그 분 앞에 무릎을 꿇겠노라고."

클레오파트라는 그렇게 전하라고 한다. 이것은 역시 여왕의 입장
에서 최고의 바람이었다.

마지막에 클레오파트라는 독사에 가슴을 물려 자신의 사랑을 돌
아보면서 마치 장대한 시(poetry)와도 같은 대사를 읊는다.

"나는 안토니 황제의 꿈을 꿨단 말이오.

아, 다시 한 번 잠들어 그런 분을 만나볼 수 있다면.

그 분의 얼굴은 하늘같았소.

그 하늘에는 태양과 달이 담겨 있어,

궤도를 돌면서 이 작은 지구를 비추고 있었지.

그 분은 두 다리로 대양을 딛고 서 있으시고

높이 쳐든 팔은 세계의 정상에 걸친 장식이라고나 할까.

그 분의 목소리는 천상의 음악처럼 아름다웠소.

좋은 사람을 대하실 때는 말이오.

그러나 대지를 진동시키려 드시면 뇌성벽력 같았소.

인정이 많으신 심성은 겨울이 없고,

추수할수록 점점 더 익어가는 풍요로운 가을 같았소.

즐거울 때는 수면 위로 등을 내밀고 뛰노는

돌고래 같았고.

왕과 제후들이 그 분의 녹을 먹는 하인들이요.

영토와 섬나라쯤은 그 분의 주머니에서 떨어지는

은화처럼 수두룩했소."

(제 5막 제 2장)

클레오파트라가 죽기 전에 읊은 장대한 시(poetry)로 말한 사랑의 크기는 역시 대단하다.

여기까지 대체로 창작연대순으로 살펴봤다. 초기 청춘의 질주하는 사랑에서 자신을 되돌아보는 청춘 후기의 사랑을 거쳐, 방황하고 흔들리는 사랑이 어른이 되어감에 따라 전개된다. 셰익스피어의 연애관은 인간관이 심화하면서 성장해간다. 어쩌면 성장이 아니라 속세의 분위기에 휩쓸려 순수함을 잃어가는 것일지도 모른다.

Chapter 10
사랑의 대사

사랑의 가벼운 날개를 타고 이 담장을 넘었지요
_ 로미오와 줄리엣(제 2막 제 2장)

　로미오는 무도회에서 처음으로 줄리엣을 만나 첫눈에 반한다. 이야기를 나누고 입맞춤까지 한다. 그 뒤 무도회가 끝나자 친구들을 구슬려 줄리엣의 저택 안뜰에 잠입한다. 줄리엣 역시 잠들지 못한 채 발코니에 나와 로미오에 대한 마음을 중얼거린다. 그것을 들은 로미오가 말을 걸자 줄리엣은 깜짝 놀라며 어떻게 이 높은 담을 넘었는지, 집안사람들에게 들키면 죽을지도 모르는 안뜰까지 들어왔는지 묻는다. 거기에 로미오가 답한 것이 바로 이 대사이다.

　'사랑의 날개'란 사랑의 신 큐피드의 등에 달린 날개를 말한다. 그것을 빌려서 연인 곁으로 날아왔다니 얼마나 로맨틱한가. 언젠가 이 대사를 꼭 말해보리라 다짐했다. 그러나 그 기회는 영영 오지 않은 채 이 결심은 무너지고 말았다.

　출판 관계로 이탈리아의 베로나를 방문할 기회가 있었다. 그때 이미 관광명소가 된 '줄리엣의 발코니'를 보러갔다. 그런데 그 안뜰은 삼면이 20m쯤 되는 건물로 둘러싸여 있었고 한 쪽면에 있는 담은 그 높이가 무려 7m나 됐다. 담 넘기를 포기한 나는 도라에몽(만화 주인공)이 머리에 붙이는 다케코프타(대나무로 만든 헬리콥터)라도 있어야만 담을 넘을 수 있다고 써서 출판사에 넘겼다.

로미오가 몰래 안뜰에 갔을 때 발코니에 나와 있던 줄리엣을 보고 말한다.

"쉿, 저기 저 창문으로 퍼져 나오는 빛은 뭐지?
저쪽은 동쪽 , 그렇다면 줄리엣은 태양?"

혼자서 중얼거리는 장면이다. 안뜰의 중앙에 서서 발코니를 올려다보니 틀림없이 '저쪽은 동쪽'이었다. 우연이라고 생각하지만 로미오가 '저쪽은 서쪽'이라고 말하지 않아서 정말 다행이었다!

사랑이라는 건 야단을 맞아도 가슴에서 떠나지 않는다
_ 말괄량이 길들이기(제 1막 제 1장)

피사의 르센시오라는 남자가 하인 트라니오를 데리고 교양을 쌓기 위해 긴 여행을 떠난다. 학예의 도시 파듀아에 와서 학문에 몸을 바치겠다고 맹세하자 유쾌한 캐릭터인 트라니오는 젊은 주인에게 이렇게 말한다.

> "해박한 아리스토텔레스의 말만 듣고 계시다가
> 달콤한 오비드를 내던지시는 일이 있어서는 안 되니까요.
> 친구 사이의 대화를 논리학 공부로 삼으시고,
> 보통 대화도 수사학의 연습으로 삼으십쇼.
> 그리고 기분을 되살리기 위해 음악이나 시가 좋고,
> 수학이니 형이상학 같은 것도
> 입맛이 당기실 때 해보셔도 좋습죠.

관심 없는 곳엔 소득도 없는 법입니다."

마지막 행은 과히 명언이라고 할 수 있다.

르센시오는 거기서 미녀 비앙카를 만나 첫눈에 반한다. 트라니오에게 "어떻게 하면 좋을까?"라고 조언을 구하자, 그는 "한 말씀 올려도 될까요"라면서 이 대사를 말한다. 결국 그는 가정교사가 되어 그녀에게 접근한다.

사랑을 꾸짖는 것은 이성이다. 하지만 사랑과 이성이 싸우면 어떻게 될까. 장기전에서는 이성이 끈기를 발휘해 좀처럼 넘어가지 않겠지만 단기결전이라면 사랑과 같은 정열에는 반드시 지고 만다. 이성으로 아무리 꾸짖는다 해도 정열의 불길을 끌 방도는 없다.

남에게 내보여 자랑하는 사랑은 깊은 사랑이 아니다
_ 베로나의 두 신사(제 1막 제 2장)

시녀인 루세타가 아가씨인 줄리아와 남자에 대한 품평을 하고 있을 때, 아가씨가 "사랑을 겉으로 표현하지 않는 것은 그 안에도 사랑이 없다는 거야"라고 말하는 것에 대해 시녀가 대답하는 대사이다.

누구나 리어 왕의 장녀와 차녀처럼 쫑알쫑알 사랑을 과시하며 알랑거리는 것보다 셋째 코델리아처럼 '그저 사랑만 할 뿐, 그리고 침묵을 지킬 수밖에'라는 태도를 지니는 사람에게 승리를 내릴 것이다.

다만 여자로서 "사랑해주려면 확실하게 말로 해줘요"라는 마음은 어쩔 수 없다.

이 루세타 역시 유쾌한 캐릭터로 인용한 대사를 말하기 전에 줄리아가 사랑하는 프로티어스를 화제로 삼자, "제 생각에 그 분은 가장 훌륭한 분이에요"라고 한다. 이어지는 두 사람의 대화다.

줄리아   그 이유는?

루세타   이유랬자 여자의 마음이죠 뭐. 그 분이 제일 마음에 드니
              까 그렇게 생각하는 거에요.

"제일 마음에 드니까 그렇게 생각한다." "좋아하니까 좋아한다"라
는 것은 '여자의 이유'이다. 이것은 보통 남자들의 이치에 닿지 않는
이론보다 훨씬 설득력이 있다. 이런 대사를 말할 정도니까 아가씨와
의 논쟁에서도 이기는 것이다.

> **사랑이란 이성에게 의견을 묻기는 해도 상담은 하지 않는다** _ 윈저의 즐거운 아낙네들(제 2막 제 1장)

술 좋아하고 여자를 좋아하고 나쁜 일이라면 뭐든지 좋아한다는 비만한 늙은 기사 존 폴스타프 경이 윈저의 두 유부녀(포드 부인과 페이지 부인)에게 똑같은 내용의 연애편지를 보내는 데서 이 희극은 시작된다.

그 중 한 명인 페이지 부인이 편지를 읽어 보니 "내가 그대를 왜 연모하는지 그 이유는 묻지 마십시오"라는 시작 뒤에 인용한 대사가 이어진다. 사랑과 이성이 싸우면 사랑이 이긴다. 조언 역할자는 "그런 짓은 하지 마"라고 훈계하고 상담 역할자는 "이렇게 하면 괜찮지 않을까"라고 친절하게 응대한다. 하지만 이성에게 상담을 한다 한들 뾰족한 수가 나오지는 않는다.

나는 학창시절부터 친구들에게서 사랑에 대한 고민을 자주 들었다. 분명 내가 이성적인 사람이 아니기 때문에 상담해왔을 것이다. 결혼식 때 오쿠이 기요시라는 선배가 "오다시마는 이성적인 사람은 아닙니다. 그러나 감정적인 사람도 아닙니다. 오다시마는 coeur(프랑스어, 영어의 heart) 즉, 심정(心情)적인 사람입니다"라고 한 뒤 스스로도 그렇게 믿고 살았다.

어쨌든 친구들이 상담을 해오면 나름대로 현명하게 생각하고 답해줬지만, 상담하고 싶어도 상담할 '사랑의 고민'이 없는 처지가 왠지 쓸쓸해지기도 했다.

이유가 없다는 것이 사랑하는 이유다
_ 심벨린(제 4막 제 2장)

공주 이모젠은 추방당한 남편 곁으로 가기 위해 소년으로 변장하고 웨일스 산 속에서 세 명의 남자들과 만난다. 그들은 전에 추방당한 귀족 벨라리어스와 그가 유괴해서 키운 두 명의 왕자였다. 왕자들은 이모젠이 친여동생이라는 것을 모르고, 남동생처럼 대하며 사랑한다고 말한다. 이 중 한 왕자인 알비라구스는 그 이유를 친아버지라고 믿는 벨라리어스가 전에 했던 말을 인용해 이렇게 말한다.

알비라구스는 인용한 대사에 앞서 "왠지 모르겠지만 이 소년을 사랑한다"고 했다. 셰익스피어의 작품에는 이유는 모르지만 사랑하거나 미워하는 인간들이 많이 등장한다. 이유가 있어서가 아니다. '이유' 따위는 인간의 본질과 아무런 관계가 없다고 말하는 듯하다.

그 중 가장 흥미로운 대사는 오셀로에 등장하는 에밀리아가 "질투심 많은 사람은 그것으로는 만족하지 않을 거예요. 이유가 있어서 질투를 하는 게 아니라, 질투심이 많기 때문에 질투하는 거예요"라고 말하는 부분이다.

인간을 이러이러한 이유가 있으면 이러이러한 언동을 하는 충분히 납득되는 존재라고 보는 데서 근대 리얼리즘 연극이 자라났다. 그리고 인간을 사소한 이유로 큰 행동을 저지르기도 하는 부조리한 존재라고 보는 데서 현대극이 태어났다. 그 시조에 셰익스피어도 포함된다고 생각한다.

특히 사랑의 경우, 잘 생겨서라든지 부자여서라든지 하는 이유를 꼽을 수 있는 사랑은 얼마나 궁상맞아 보이는가. "좋아하니까 좋아한다"면 된다.

신들조차도 사랑에 빠졌을 때는 짐승의 탈을 썼다
_ 겨울이야기(제 4막 제 4장)

보헤미아의 왕자 플로리젠이 양치기의 딸(실은 시칠리아의 공주) 페르디타를 사랑하게 된다. 그래서 몰래 농부의 옷으로 갈아입고 그녀를 찾아간다. 그것을 페르디타가 신경 쓰자 이렇게 말한 것이다. 구체적인 예로 다음의 그리스 신화를 인용한다.

"주신 제우스는 황소가 되어 울부짖었고
바다의 신 포세이돈은 양이 되어 음매음매 울었다."

사랑하는 여자에게 접근하기 위해서는 왕자가 농부로 변하는 것쯤은 아무것도 아니라는 것이다.

제우스가 페니키아의 공주 에우로페(Europa, 유럽이란 이름의 어원)에게 반해 하얀 수소로 변해 그녀를 크레타 섬에 데려온 것은 유명한 이야기다. 포세이돈이 지하에 사는 농업의 여신으로 결혼과 사회 질서의 수호자인 데메테르(Demeter)에게 구혼했을 때 거세하지 않은 수말(stallion)로 변했다는 이야기도 유명하다. 셰익스피어는 여기서 수말이 아닌 숫양(ram)이라고 썼다.

학창시절, 고향에 낙제골목이라는 길이 있어 그 골목에 들어가면 낙제한다는 소문이 있었다. 1년 후배인 K는 그곳에 있는 초밥집 딸에게 반해 술도 잘 마시지 못하면서 매일같이 다니며 소주를 마셨다. 그러나 매번 마음을 전하지도 못하고 가게에서 나와 골목에서 큰소리로 뭔가를 외쳐대는 바람에 'K는 결국 호랑이가 돼버렸군'이라는 소문이 떠돌았다.

우리 몸에 흐르는 피는 사랑을 할 준비를 타고났다
_ 끝이 좋으면 다 좋아(제 1막 제 2장)

로실리온 백작부인은 명의의 딸인 헬레나가 고아가 되자 친자식처럼 귀여워하며 키웠다. 그녀가 자신의 아들 버트램을 사랑하지만 신분 차이 때문에 고민하고 있는 것을 눈치 채고 이렇게 중얼거린다.

"우리는 자연의 소생인지라 어쩔 도리가 없지"로 시작하는 백작부인의 이 말은 셰익스피어 자신의 말처럼 날카롭게 울려 퍼진다.

매우 적극적인 남자라면 〈헨리 6세 제 1부〉의 서포크 백작처럼 앙주 공 레니에의 딸 마가렛을 보고 다음과 같이 장담하는 것도 가능할 것이다.

"그녀는 아름답다.
그래서 입으로 말하지 않을 도리가 없다.
그녀는 그녀다.

따라서 설득 당하지 않을 수가 없다."

(제 5막 제 3장)

그러나 내 자신의 경우에는 기껏해야 이 대사를 아무도 없는 하숙집에서 중얼거려보는 것이 다였다.

나는 이 말을 대학생 때 처음 알았다. 그때 온 신경을 학문에만 쏟아 연구에 매진하고 있는 존경하는 벗 T를 보면서, 나처럼 밤만 되면 연극(이라고 하지만 연극에 따라오는 술)에 빠져 즐기는 사람은 좀처럼 다가가기 힘든 인물이라고 생각했다.

어느 날, T가 아름다운 여자와 데이트 하는 것을 우연히 목격했을 때 나는 이 대사를 떠올리며 "그래, T도 사람이었어"라며 새삼 기뻐했다. 물론 얼마 지나지 않아 두 사람은 멋진 부부가 됐다.

색정에 빠지면 '설마'란 냄새를 못 맡는 사냥개와 같다
_ 윈저의 즐거운 아낙네들(제 2막 제 1장)

폴스타프가 연애편지를 보낸 두 명의 유부녀는 친구사이다. 둘은 연애편지 내용이 같다는 것을 알고 폴스타프를 놀려주기로 한다. 이런 사실을 엿들은 폴스타프의 부하인 피스톨이 질투가 심한 포드에게 존 폴스타프 경이 당신의 부인을 노리고 있다고 밀고한다. 포드가 "설마, 그런 일은 없을 것"이라며 고개를 젓자, 피스톨이 하는 대답이 이 격언과도 같은 대사이다.

확실히 연애색정으로 가는 길에는 설마라고 부정하고 싶어지는 일들이 일어나기도 한다. 예들 들어 〈말괄량이 길들이기〉에서 말괄량이 캐서리나를 함락시켰다고 자랑하는 페트루치오는 놀라는 주위 사람들에게 "내외끼리만 있을 때는 아무리 병신 같은 사내라도 고집쟁이 아내를 쉽게 녹여 놓고 마는 법이오"(제 2막 제 1장)라고 큰소리친다.

그렇게 생각하고 주위에 있는 커플들을 둘러보면 열에 한두 커플은 "왜 저런 미인이 저런 남자랑 맺어진 걸까"라며 놀라는 경우가 있다. 사랑의 기적을 믿지 않을 수 없다.

어느 작은 극단의 작가 겸 연출가는 극단의 주연배우와 '교제'하고 있다고 모두가 생각했다. 그런데 그가 서른을 넘기고 몇 년 지났을 때 갑자기 10세 가까이 어린 제작담당 여자와 결혼한다고 발표했다. 꽤 나중에 들었지만 어머니가 마음에 들어 해 결혼을 강하게 권했다고 한다. 속사정을 알면 납득할 수는 있지만.

> 사랑이란 그림자 같아서 아무리 뒤쫓아도 달아나버리는 것, 이쪽에서 도망가면 따라오고, 따라가면 달아난다 _ 윈저의 즐거운 아낙네들(제 2막 제 2장)

질투가 심한 포드는 부인의 일이 신경 쓰여 변장을 하고 존 폴스타프 경을 찾아간다. 그리고 포드의 부인을 꼬드겨서 보기 좋게 함락시켜 달라고 한다. 자신도 포드 부인에게 반했지만 사랑은(인용한 대사처럼) 좀처럼 생각대로 되지 않는다. 그러니까 당신이 구워삶아 무릎을 꿇도록 만들면, 그 약점을 빌미로 자신도 그 여자를 공략할 수 있다는 것이다. 결국 부인들의 계략이 더해져 폴스타프는 험한 꼴을 당하게 된다.

사랑이 질주하듯 순수한 청춘이라면 정면에서 맞부딪칠 수밖에 없지만, 어른이 되면 '사랑의 밀고 당기기'가 시작된다. 유희가 사랑을 한층 더 즐겁게 만드는 경우도 있는 것이다.

물론 〈안토니와 클레오파트라〉에서 남자의 마음을 잡기 위해 이런저런 수단을 사용해 밀고 당기기(연기)를 하는 클레오파트라는 안토니에게 그 경박함을 비난받았을 때 "경박함이라고 말하지만 클레오파트라처럼 가슴에 굳게 품고 있다면 진땀나는 고통이에요"(제 1막 제 4장)라고 탄식하는 경우도 있지만.

예를 들어 셰익스피어는 '소네트 27번'에서 이렇게 쓰고 있다.

"낮은 나의 여행을 위해
수족이 쉬지 않고
밤은 당신으로의 여행을 위해
마음이 편안해지지 않는 것이다."

'당신으로의 여행'이란 '상상의 시력'으로 님의 모습을 좇는 여행이다. 어떤 의미에서 즐거운 고행이다.

사람의 마음은 사랑할 때 가장 순수하다
_ 햄릿(제 4막 제 5장)

연애는 아니지만 레어티스가 동생 오필리아의 발광한 모습을 보고 그 원인이 사랑하는 아버지가 살해당한 것에 있다고 생각하며 이렇게 말한다. 그리고 " 무도 사모한 나머지 결국은 가장 소중한 영혼을 내버려서까지 사랑하는 분의 뒤를 따라갔구나'라고 말을 잇는다.

학창시절 관념적인 말을 늘어놓은 시를 몇 편 썼다. 그리고 사랑하는 사람이 생기면 다음과 같은 소박하고 수수한 시를 써서 보냈다. 쑥스럽지만 그 일부분을 적어 본다.

"우리들의 나무

보렴, 우리들의 나무야.

가지는 가늘고 잎은 적지만

겨우 너의 눈, 나의 어깨 높이가 되었어.

(중략)

보렴, 우리들의 나무야.

이 가지는 상흔이 검게 불거져 나오고

저 가지는 꺾인 채 말도 없어.

고통스러운 싸움의 흔적이야. 우리들의 나무는

인간세상의 미래를 닫으려는 비의 날에도

전쟁의 역사를 불러일으키려는 바람의 날에도

다리로 굳건히 버티고 손에는 녹색 불꽃을 피워.

가슴을 펴고 결코 아래를 보지 않았어.

그리고 별이 없는 밤에는 꿈을 꿨지.

폭풍에 맞서고 서리를 견디고 한여름에는

푸른 그늘을 펼치는 큰 나무의 모습을.

그러나 아직 전투는 끝나지 않았어.

보렴, 우리들의 나무야.

꿈을 잊지 않고 사랑을 잃지 않으면 머지않아

내가 힘차게 움직이는 낮

그 우듬지는 구름을 몰아내고 하늘을 푸르게 칠하겠지.

네가 다정하게 미소 짓는 밤

그 가지들은 별을 한가득 꽃피울 테지."

(이하 생략)

참고문헌

〈괴테와의 대화(상·중·하)〉(에커만 지음. 야마시타 하지메 옮김. 이와나미서점)

〈셰익스피어는 '자본론' 속에서 어떻게 그려졌는가〉(가와카미 시게토 지음. 혼노이즈미사)

〈문학에 대한 발언에서〉(후와 데츠조 지음. '미야모토 유리코의 12년'에 수록, 신일본출판사)

〈문학논집〉(톨스토이 지음. 가와노 요이치 옮김. 이와나미서점)

〈마르크스=엥겔스 예술·문학론(①~④)〉(마르크스=엥겔스전집간행위원회 옮김, 오츠키서점)

*작품인용은, 하쿠스이U북스 〈셰익스피어전집〉(전 37권)에서 함.

셰익스피어 연보·작품소개

1564년 4월26일 스트랫퍼드 어폰 에이번의 교회에서 유아세 를 받다. (생일은 23일로 추정)

1568년 4세. 아버지 존이 읍장이 된다.

1582년 18세. 앤 해서웨이와 결혼. 다음해 장녀 수잔나 탄생.

1585년 20세. 남녀 쌍둥이인 햄네트와 주디스 탄생.(이 사이에 런던으로 감)

1590~91년

〈헨리 6세 제2부〉

프랑스와 평화조약을 체결한 뒤에도 내분이 이어지던 영국왕궁. 헨리 6세의 섭정을 하던 글로스터 공이 암살된다. 한편, 왕위를 노리는 요크 공 리처드는 솔즈베리 백작과 워릭 백작을 자기편으로 끌어들인 뒤, 잭 케이드를 꼬드겨 내란을 일으킨다. 이리하여 요크 가(흰 장미)와 헨리의 왕위를 지키고자 하는 랭커스터 가(붉은 장미) 사이에 전쟁이 일어난다. 헨리는 런던으로 도망가고 요크군은 왕을 쫓아 런던으로 진격한다.

⟨헨리 6세 제3부⟩

헨리 6세는 자신이 살아있는 동안 왕으로 있게만 해준다면 그
후에는 왕위를 물려주겠다고 약속한다. 아들에게 왕위를 물려
주고 싶은 왕비 마거릿은 격노하여 스스로 병사를 이끌고 요크
공을 죽인다. 하지만 형세는 역전되어 요크 공의 장남인 에드워
드가 왕위에 오른다.(에드워드 4세) 결국 왕비는 붙잡히고 황태자
역시 참살 당한다. 헨리 6세 역시 에드워드 왕의 동생인 리처드
(후의 리처드 3세)에게 살해된다.

1591~92년

⟨헨리 6세 제1부⟩

헨리 5세가 죽은 뒤에도 영국과 프랑스의 백년전쟁은 계속됐는
데, 프랑스에서는 잔 다르크가 나타나 영국군을 격파한다. 한편,
왕실에서는 섭정을 하던 글로스터 공과 사제인 윈체스터가 대
립한다. 그 동안 왕위 탈취를 노리는 요크 공과 서머셋 공의 갈
등 때문에 지원군을 얻지 못한 채 용장 탤벗이 전사한다. 잔 다
르크는 화형에 처해진다. 화해를 위한 협상이 진행되면서 헨리
6세는 나폴리 왕의 딸인 마거릿을 왕비로 맞이한다.

1592~93년

⟨리처드 3세⟩

왕위를 노리는 리처드는 가까운 친척들을 차례차례 죽이고 왕

위에 오르지만, 결국엔 파멸해가는 생의 후반부를 그렸다. 살해 당한 것은 형 조지, 큰형 에드워드 4세의 황태자인 에드워드와 그의 동생, 에드워드 4세의 왕비인 엘리자베스의 친족, 자신의 부인인 앤……. 결국 리치먼드 백작(후의 헨리 7세)에 의해 무너 진다. 그의 죽음으로 오랜 기간 지속됐던 장미전쟁은 종결되고, 튜더왕조가 시작된다.

⟨실수연발⟩
앤티폴러스 형제는 쌍둥이다. 마찬가지로 쌍둥이인 도로미오 형제를 각각 하인으로 두고 자라는데, 이들은 어릴 때 헤어진 다. 성인이 된 동생 앤티폴러스와 동생 도로미오는 형을 찾기 위해 이국 땅 에페서스에 오게 된다. 그곳에서 주인도 하인도 서로를 착각해 대혼란이 벌어지고, 형수의 동생 루시아나는 자 신에게 접근하는 앤티폴러스 동생을 형부로 착각하고 경악을 금치 못하는데…….

1593~94년
⟨타이터스 안드로니커스⟩
로마의 장군 타이터스는 고트족의 여왕인 타모라와 그의 아들 을 포획해서 돌아온다. 그러나 그 미모로 새로운 황제인 새터나 이 스의 왕비가 된 타모라는 장남을 죽인 원수를 갚기 위해 아 들들에게 타이터스의 딸들을 범하게 한다. 그러는 한편, 그녀는 타이터스의 아들들을 죽이고 타이터스의 한쪽 팔도 빼앗는다. 드디어 타이터스는 복수를 결의하는데……. 총 10명이 무대에서 목숨을 잃는 처참한 비극.

〈말괄량이 길들이기〉

부호인 밥티스타의 둘째딸 비안카에게는 구혼자가 많았는데, 아버지는 '말괄량이'인 큰딸 캐서리나가 먼저 결혼을 하지 않는 이상 결혼시킬 수 없다고 말한다. 이에 페트루키오가 등장해 캐서리나와 결혼하기로 하고, 말괄량이 길들이기 작전을 시작한다. 한편, 비안카는 르센시오와 결혼한다. 그리고 돈 많은 미망인과 결혼한 호텐쇼를 포함한 새신랑 세 명은 누구의 부인이 가장 순종적인지를 놓고 내기를 한다.

1594년 30세. 궁내대신극단의 주요배우 일람에 이름이 기재된다.

1594~95년

〈베로나의 두 신사〉

발렌타인과 플로티어스는 둘도 없는 친구이다. 플로티어스는 줄리아라는 연인이 있으면서도 발렌타인의 연인이자 밀라노 대공의 딸인 실비아를 연모한다. 발렌타인은 대공에 의해 추방당하고, 어쩌다 들른 숲에서 산적을 만나 그들의 두목으로 추대받는다. 한편, 줄리아는 플로티어스의 변심을 슬퍼하면서 변장을 하고 그의 시중을 드는 소년이 되는데…….

〈사랑의 헛수고〉

나바르 왕인 퍼드난드는 그를 모시는 세 명의 귀족(비론, 롱거빌,
듀메인)과 함께 학문에 전념하기 위해 3년간 여자를 만나지 않
기로 맹세한다. 그러나 영토반환을 요구하러 프랑스 공주와 세
명의 시녀들이 방문하자, 왕은 공주에게, 세 명의 귀족은 시녀
들에게 마음을 빼앗긴다. 그리하여 '사랑은 살아있는 교과서'
라고 자기합리화를 하면서 네 명의 남자는 여자에게 돌격한다.

〈로미오와 줄리엣〉

몬태규가의 로미오는 원수의 집안인 캐풀럿가의 줄리엣과 사
랑에 빠진다. 두 사람이 로렌스 신부 입회 아래 몰래 결혼을 한
날, 로미오는 줄리엣의 사촌인 티볼트를 찔러 죽이고 추방형을
받는다. 한편 줄리엣은 아버지에게 패리스 백작과 결혼하라는
소리를 듣고 절망에 빠진다. 신부는 그녀에게 42시간 동안 가사
(假死) 상태로 있을 수 있는 약을 주고, 로미오가 무덤 속의 줄리
엣을 구할 수 있도록 일을 꾸미는데…….

1595~96년

〈리처드 2세〉

낭비가 심한 왕 리처드 2세는 껄끄러운 존재인 사촌 볼링브룩

을 국외로 추방하고, 아일랜드 정벌의 군비를 조달하려고 재산마저 몰수한다. 권리회복을 위해 귀국한 볼링브룩은 노섬벌랜드 백작 등을 자기편으로 끌어들여 왕의 추종자들을 몰아낸다. 리처드는 어쩔 수 없이 퇴위하고, 볼링브룩은 헨리 4세가 된다. 실의에 빠진 리처드는 유폐지인 폰티프랙트 성에서 살해당한다.

〈한여름 밤의 꿈〉

허미아는 라이샌더와 연인 사이지만 그녀의 아버지는 디미트리우스와 결혼하라고 한다. 한편 헬레나는 디미트리우스를 짝사랑하고 있었지만 그는 허미아를 연모하고 있고, 이 때문에 혼란이 일어난다. 요정 퍽은 아테네의 숲속으로 헤매다 들어온 이 두 쌍의 남녀를 이전의 관계로 돌려놓으려 하지만, 상대를 착각한 채 반하게 만드는 약인 '사랑의 삼색제비꽃'을 사용한 탓에 더욱 큰 혼란이 일어난다.

1596~97년

〈존 왕〉

사자 왕 리처드가 죽은 뒤 그의 동생인 존이 즉위한다. 그러나 프랑스 왕이 왕위계승권은 둘째형 제프리의 아들인 아서에게 있다고 주장하며, 그의 어머니인 콩스탕스와 손을 잡고 군사를 일으킨다. 존 왕은 프랑스군을 무찌르고 아서는 뜻밖의 죽음을 맞이한다. 이 때문에 일부 귀족이 존 왕을 배신하고 프랑스군으로 넘어간다. 그 전쟁이 한창일 때 존 왕은 독살 당하고 그의 왕자가 헨리 3세가 된다.

〈베니스의 상인〉
온화하고 착실한 상인 안토니오는 친구인 바사니오를 위해 기한 내 돈을 갚지 못할 경우에는 그의 살 1파운드를 잘라준다는 조건으로 유대인 고리대금업자인 샤일록한테 돈을 빌린다. 그 덕분에 바사니오는 부잣집 딸인 포샤를 얻게 된다. 그러나 기한 내 돈을 갚지 못하게 되자, 샤일록은 약속대로 살을 잘라달라고 요구한다. 이에 법정에서 재판관으로 변장한 포샤가 명판결을 내린다.

1597~98년

〈헨리 4세 제1부〉
헨리 4세는 왕자 할의 행동거지 때문에 골머리를 썩고 있다. 술 좋아하고, 여자 좋아하고, 나쁜 짓 좋아하는 기사 폴스타프 일행과 어울리기 때문이다. 그러던 때 노섬벌랜드 백작의 아들인 홋스퍼 일행이 푸대접을 받고 있다며 불만을 갖고 반란을 일으킨다. 그러자 놀기만 하던 왕자 할이 나서서 무장으로서 눈부신 활약을 보여 홋스퍼를 쓰러뜨리고 아버지인 헨리 4세를 기쁘게 한다.

〈헨리 4세 제2부〉

훗스퍼에 이어 요크 대사교(大司敎) 등이 반란을 일으키는데, 이를 할의 동생인 랭커스터 공 존이 교묘하게 진압한다. 한편, 헨리 4세가 병으로 죽고 할이 헨리 5세가 된다. 주변 사람들은 걱정을 하지만 그는 보란 듯이 변신한다. 예전에 할을 투옥시킨 적이 있었던 고등법원장도 좌천은커녕 중용을 했다. 나쁜 친구였던 폴스타프 등은 매우 기뻐하며 그를 찾아가지만, 할은 냉정하게도 그에게 추방처분을 내린다.

1598~99년

〈헛소동〉

전쟁이 끝나고 돈 페드로, 클라우디오, 베네디크 일행은 시칠리아 섬의 메시나에게 잡혀 군주인 레나토 저택을 찾아간다. 클라우디오는 군주의 딸인 히어로와 사랑에 빠지지만, 베네디크와 사촌 베아트리체는 말싸움만 하고 있다. 그 모습을 본 돈 페드로는 두 사람을 엮어주려고 연극을 꾸민다. 이러는 동안 페드로의 동생인 돈 존은 클라우디오와 히어로의 사이를 갈라놓으려고 하는데…….

〈헨리 5세〉

헨리 5세는 왕위계승권을 인정하지 않는 프랑스에 대해 선전포고를 하고 공격한다. 아쟁쿠르에서의 결전 전날 밤, 압도적인 우위에 있다고 생각한 프랑스군은 승리를 확신하며 즐겁게 떠들고 있었다. 한편, 헨리 5세는 군사로 변장하고 계속된 전쟁에 지쳐있던 영국군의 진지를 둘러보고 있었다……. 기적적인 대승리를 거둔 헨리 5세는 프랑스 왕의 딸에게 청혼하여 남편으로서 환영받게 된다.

1599년 글로브 극장 건설이 시작되고, 그 주주 중 한명이 된다.

1599~1600년

〈율리우스 카이사르〉

폼페이와의 전쟁에서 승리하고 로마로 돌아온 율리우스 카이사르. 카이사르가 공화제를 폐지하고 황제가 되려하자, 불안해진 카시우스는 카이사르를 경애하고 있던 브루투스를 자기편으로 끌어들여 카이사르를 암살한다. 카이사르가 '브루투스, 너마저'라고 외치며 쓰러진 뒤, 안토니우스우스가 추도연설을 위장하여 로마시민을 선동한 탓에 브루투스 일행은 단번에 쫓기는 신세가 된다. 그리고 브루투스는 하인에게 칼을 들게 한 뒤 거기에 뛰어들어 자살한다.

〈뜻대로 하세요〉

동생에게 영토를 뺏긴 공작은 아덴의 숲에 들어가서 몸을 숨기고 있었다. 그의 딸인 로자린드 역시 숙부에게 추방당해 사촌인 시리아와 함께 숲으로 도망한다. 로자린드를 사랑하고 있던 올란드도 형에게 미움을 받아 숲으로 도망을 와서 로자린드와 만나지만, 그녀가 남장을 하고 있었기 때문에 그녀를 알아보지 못한다. 결국, 동생에게 구조되어 마음을 고쳐먹은 올란드의 형이 시리아와 사랑에 빠지고, 그제야 로자린드는 자신의 정체를 밝힌다.

〈십이야〉

배가 난파되어 바다 위를 떠돌다가 일리야에 도착한 쌍둥이 남매 중 여동생인 바이올라는 남장을 하고 세사리오라는 이름으로 오시노 공작의 집에서 일을 하게 된다. 공작은 백작집안의 영애인 올리비아를 사랑하고 있었고, 바이올라가 몰래 공작을 사랑하고 있는 줄도 모른 채 그녀를 사랑의 사자로 보낸다. 그러나 얄궂게도 올리비아는 남장을 한 바이올라에게 첫눈에 반한다. 거기에 바이올라와 꼭 닮은 오빠 세바스찬이 등장하면서 큰 소동이 벌어진다.

1600~01년

〈햄릿〉

덴마크의 왕자 햄릿은 아버지가 죽은 지 한 달도 지나지 않았는데 어머니가 새 국왕이 된 숙부 클로디어스의 정실이 된 것에 충격을 받는다. 그날 밤, 햄릿은 아버지의 망령과 만나 숙부가 아버지를 죽이고 왕위를 빼앗았다는 사실을 알게 된다. 그는 광기에 사로잡혀 복수의 기회를 노리지만, 그러는 동안 연인인 오필리아의 아버지를 잘못해서 죽이고 만다. 슬픔에 잠긴 나머지 미쳐 날뛰던 그녀는 강에 떨어져 죽음을 맞이하고, 화가 난 그녀의 오빠 레어티스와 햄릿은 결투를 하게 된다.

〈윈저의 즐거운 아낙네들〉
거인 기사인 폴스타프는 난봉꾼을 자청하며 윈저에 사는 포드 부인과 페이지 부인의 재산을 노리고 수작을 건다. 그러나 속셈을 알아챈 두 사람은 복수를 계획한다. 그런 줄도 모르고 질투 많은 남편 포드는 변장을 하고 폴스타프를 만나 부인을 유혹해 달라고 부탁한다. 부인들은 포드를 속이고, 폴스타프를 강에 던지기도 하면서 복수를 즐긴다.

1601년 30세. 아버지 존 사망.

1601~02년
〈트로일러스와 크레시다〉
트로이의 왕자 패리스가 그리스 왕의 부인을 데려온 것 때문에 일어난 트로이 전쟁이 한창일 때. 트로이의 왕자 트로일러스는 그리스 편에 가담한 신관의 딸 크레시다와 변치 않는 사랑을 맹세한다. 트로일러스는 포획교섭으로 그리스 측으로 보내진 그

녀를 휴전 중에 만나러 가지만, 그리스 장군의 구애를 받아들이
는 모습을 목격하고 충격을 받는다. 전쟁이 재개되자 트로일러
스의 형인 헥터가 살해당하고 만다.

1602~3년

〈끝이 좋으면 다 좋아〉

로실리온 백작의 주치의 딸인 헬레나는 백작의 아들인 버트램
을 향한 이룰 수 없는 사랑을 한다. 그런데 프랑스 왕의 난치병
을 치료한 대가로 왕의 명령을 받아 버트램과 결혼을 하게 된
다. 그러나 첫날밤의 정도 나누지 않고 남편은 출정을 한다. 순
의 여행을 떠난 헬레나는 플로렌스까지 가는데, 그곳에서 버트
램이 그 고장의 처녀 디아나에게 구애하고 있다는 사실을 알게
된다. 헬레나는 디아나에게 부탁해, 그녀 대신 버트램과 잠자리
를 함께한다.

1603년

39세. 엘리자베스 1세 사망. 제임스 1세가 극단의 후원자가
되어 국왕극단이란 이름을 사용하게 된다.

1604~05년

〈자에는 자로〉

비엔나의 공작은 어떤 목적으로 자리를 비우는 동안 안젤로에
게 전권을 일임한다. 근엄한 안젤로는 결혼 전에 줄리엣을 임신

시킨 클로디오를 간통죄로 취급하고 사형을 선고한다. 그의 동생인 이자벨라는 오빠의 목숨을 살려달라고 탄원하는데, 안젤로는 그녀의 몸을 주면 오빠의 목숨을 살려주겠다고 한다. 수도승으로 변장한 공작은 안젤로의 전 약혼녀인 마리아나를 이자벨라 대신 보내 잠자리를 갖게 하는데…….

〈오셀로〉

베니스의 용병대장이자 무어인인 오셀로는 원로원 의원의 딸 데스데모나를 부인으로 맞이한다. 그러나 자신의 처우에 불만을 가진 부하 아이고는 데스데모나와 부관 캐시오의 사이를 오셀로가 의심하도록 만든다. 오셀로는 자신이 부인에게 준 손수건이 캐시오의 방에서 발견된 것을 부정의 증거로 여기고 부인을 죽인다. 마지막에는 이아고의 악행이 모두 밝혀지고, 오셀로는 자살한다.

1605~06년

〈리어왕〉

브리튼의 왕 리어는 왕국을 세 명의 딸에게 나눠주기로 결정한다. 그는 셋째 딸인 코델리아의 진심을 파악하지 못한 채 위두 딸의 입에 바른 말을 믿고 그들에게만 영토를 나눠준다. 한편 왕을 존경하는 글로스터 백작 역시 배다른 자식인 에드먼드의 배신으로 험한 꼴을 당하게 된다. 그 에드먼드를 서로 빼앗고자 한 첫째 딸과 둘째 딸도 각각 그에 걸맞은 죽음을 맞이하는데, 리어를 구출했던 코델리아마저 뜻밖의 죽음을 맞이한다.

〈맥베스〉
스코틀랜드의 장군 맥베스과 뱅코는 황야에서 마녀를 만난다. 그들에게 맥베스는 '날의 왕', 뱅코는 '왕을 태어나게 하는 자'라는 예언을 듣는다. 야심이 꿈틀거리기 시작한 맥베스는 부인에게 꾸중 섞인 격려를 받고서 덩컨 왕을 죽이고 스코틀랜드의 왕이 된다. 그런 뒤, 뱅코마저 죽이지만 그의 망령에 시달린다. 한편 맥베스에게 부인과 아이를 살해당한 맥더프는 선왕의 남겨진 아들을 추대하면서 반란을 일으켜 맥베스를 쓰러트린다.

1606~07년
〈안토니와 클레오파트라〉
율리우스 카이사르가 죽은 뒤의 로마. 삼두정권의 집정관 중 한명인 안토니는 이집트에서 여왕 클레오파트라와 사랑의 날들을 보내고 있었다. 하지만 폼페이의 반란으로 위기감을 느낀 그는 옥타비아누스 카이사르와 손을 잡고 그의 여동생과 정략결혼을 한다. 그러나 두 사람의 대립은 갈수록 깊어져만 갔고, 전쟁이 끝날 무렵 안토니는 자살하고 만다. 그의 죽음을 안 클레오파트라 역시 독사에게 자신의 가슴을 물게 하여 자살한다.

1607~08년

⟨코리올레이너스⟩

로마의 장군 카이어스 마셔스는 볼사이군을 무찌른 공적으로 코리올레이너스라는 칭호를 받는다. 집정관으로 추천받은 코리올레이너스는 겸허함을 보이는 증거인 누더기를 입고 광장에 서서 시민의 찬동을 얻는 습관에 따라 집정관이 됐지만, 악의를 가진 호민관의 선동으로 민중의 적이 되어 추방당하고 만다. 화가 난 그는 볼사이인과 손을 잡고 로마를 공격하려고 한다.

⟨아테네의 타이몬⟩

아테네의 귀족 타이몬은 자비로운 성격 때문에 사람을 가리지 않고 은혜를 베풀었고, 낭비를 계속하다 결국 파산하기에 이른다. 친구들에게 원조를 부탁하지만 아무도 그를 도와주려 하지 않았다. 배신감에 분노한 타이몬은 숲속의 동굴에 들어가 버린다. 비슷한 시기에 아테네에서 추방을 당한 무장 알키비아데스는 복수의 칼을 갈며 아테네를 공격한다. 그제서야 서둘러 시민들은 타이몬에게 도움을 요청하지만 그는 이를 무시한다.

1608~09년

⟨페리클레스⟩

타이어의 영주인 페리클레스는 안티오케 공주에게 구애를 하지만, 왕과 공주가 근친상간이라는 사실을 깨닫고 신변에 위협

을 느껴 여행을 떠난다. 표류하다가 펜타폴리스에 도착한 그는
왕이 주최한 창술시합에 나가 우승을 하고 공주인 세이사와 결
혼을 한다. 바닷길을 따라 타이어로 돌아가던 도중에 세이사는
딸 마리나를 낳고 죽는다. 마리나는 타서스의 총독 부부 밑에서
자라는데 그 아름다움 때문에 부인의 질투를 사게 되고, 해적에
의해 사창가로 팔려간다…….

1609~10년

〈심벨린〉

브리튼의 왕 심벨린은 딸인 이모젠이 포스튜머스와 맘대로 결
혼한 것에 격노하여, 포스튜머스를 추방시키고 딸을 감시한다.
포스튜머스가 추방된 곳에서 그 이야기를 들은 이탈리아인 이
아키모는 꾀를 부려 포스튜머스가 그녀의 정절을 의심하게 만
든다. 그런 줄도 모르고 이모젠은 남편에 대한 그리움에 여행
을 떠나고 어릴 때부터 행방을 모르고 지내던 두 명의 오빠와
재회한다. 그리고 머지않아 로마군의 브리튼 침공이 시작된다.

1611~12년

〈템페스트〉

나폴리의 왕 알론소 일행이 탄 배가 태풍(템페스트) 때문에 난
파된다. 사실 태풍은 딸 미란다와 외딴 섬에 살게 된 프로스페
로가 공기의 요정 에어리얼에게 시켜 일으켰다. 그는 12년 전

에는 밀라노의 공작이었지만 동생과 알론소 때문에 추방당했고, 이 섬에서 괴물 켈리반을 상대로 마법을 익히고 있었다. 그는 섬에 흘러들어온 나폴리 왕의 아들과 미란다가 사랑에 빠지도록 만든다.

1612~13년

〈헨리 8세〉

푸주의 아들에서 출세한 추기경 울지는 아들을 원하는 헨리 8세와 왕비 캐서린의 이혼문제에 대한 예측이 빗나간 뒤, 로마교황의 지위를 돈으로 사려고 재산을 모으는 데 힘을 쏟는다. 하지만 그 결과 왕의 화를 사게 돼 실각하고 만다. 왕은 로마교황의 반대를 무릅쓰고 왕비의 시녀였던 앤 불린과 재혼한다. 그리고 드디어 태어난 공주에게 캔터베리의 대주교 크랜머는 엘리자베스(엘리자베스 1세)라는 이름을 지어준다.

1616년 50세. 4월 23일 사망.

내게 셰익스피어가 찾아왔다

1쇄 인쇄 2014년 8월 20일
1쇄 발행 2014년 9월 1일

지은이 오다시마 유시
옮긴이 장보은·유가영
펴낸곳 도서출판 **말글빛냄**
펴낸이 한정희   **마케팅** 최윤석
주소 서울시 마포구 마포동 324-3 경인빌딩 3층
전화 02-325-5051 팩스 02-325-5771
홈페이지 www.wordsbook.co.kr
등록 2004년 3월 12일 제313-2004-000062호
ISBN 978-89-92114-96-7 03910
가격 15,000원

*잘못된 책은 구입하신 서점에서 바꾸어 드립니다